地味にすごい
授業のチカラ

著者

丹野 清彦
白尾 裕志
多和田 実

沖縄タイムス社

もくじ

はじめに……………………………………………………… 4

第1章　授業のまえに知っておこう …………………… 7
1. 先生のおもしろさ、むつかしさ ……………………… 8
2. 教師の1日、そして1週間 …………………………… 11
3. 教材研究の仕方 ………………………………………… 14
4. 授業は、3つに分かれている ………………………… 17
5. しっかり準備したい発問 ……………………………… 20
6. 教材教具の選択と掲示物 ……………………………… 23
7. 黒板の字＆板書は大事です …………………………… 26
8. 授業の基本、見られる4つ …………………………… 29

〈column 1〉　趣味は授業を盛り上げる ………………… 32

第2章　しんせつ、ていねいな指導案の書き方 ……… 35
1. 単元全体の指導案、やさしい書き方 ………………… 36
2. 本時案の書き方 ………………………………………… 39
3. 小学校国語の指導案　ごんぎつね …………………… 42
4. 小学校算数の指導案　台形の面積 …………………… 45
5. 小学校社会の指導案　沖縄を取り上げよう！ ……… 48
6. 小学校道徳の指導案　考え、議論する道徳 ………… 52
7. 中学校国語の指導案　興味がわく …………………… 56
8. 中学校数学の指導案　わかりたくなる ……………… 59

- **9** 中学校英語の指導案　活動いっぱい･･････････････ 62
- **10** 中学校理科の指導案　科学的な見方をきたえる･･････････ 65
- **11** 高校の農業指導案　グループ活動････････････････ 68

〈column 2〉 オープンスペースを使いこなそう･･････････････ 72

第3章　花のある授業、いまはつぼみでも。････････････ 75
- **1** 授業のはじまり、楽しいスタート･･････････････････ 76
- **2** めあてを出すタイミング････････････････････････ 79
- **3** 問題の出し方････････････････････････････････ 82
- **4** 机間巡視で声をかける。コメントする･･････････････ 85
- **5** 授業のまとめ、ほめること･･････････････････････ 88
- **6** 授業の振り返り＆記録････････････････････････ 91
- **7** アクティブ・ラーニングを取り入れよう･･････････････ 94
- **8** 授業で班をつかおう･･････････････････････････ 97
- **9** 学力のつく授業にするには････････････････････ 100
- **10** もっと授業がうまくなるために････････････････････ 103

〈column 3〉 理想の授業を求めて････････････････････ 106

おわりに･････････････････････････････････････ 108

はじめに

　わたしたちはいつも、
「こんなふうに授業がしたいなあ」
と期待を持ちます。しかし一方で、
「本当にできるかな」
不安も抱きます。
　そんな期待と不安にこたえることはできないかな、わたしは考えました。大学では、学校現場で働く学生のために講義の一つに模擬授業を設定しています。小学校でも中学でも、高校でも授業はなにより大切です。講義の中で授業の仕方を教え、ひとりひとりに授業を実際に行ってもらいます。
　けれど、現場で働く先生方の授業を見に行くと、もっと必要なことがあったな、と感じることが少なくありません。その必要なこととは何か。
　それは、明るく元気な顔で教室に入ってほしいとか、教師の声が後ろの子どもまで届いているか、生徒の発言にうなずき、
「いい考えだね」
にっこり笑って、声をかけることなどです。どんな授業にもあてはまることなので、専門的なことではないように思われがちですが、授業と同じくらい重要なことで指導技術と呼びます。
　人は、こういうことを教えてもらわないと自分が子どもの時や、高校や大学の先生を思い出して同じように指導をしようとします。真似することは大事なことですが、それだけではいけません。もっと自分の指導方法を見つめ、教師としての力を高めようとしてほしいと思います。けれども、指導案をつくることには力を注ぎ、指導案ができると、それでいいような気になるのです。そして、授業がうまくいかなければ、指導案や子ども、生徒に原因があるように思うのです。
　はたして、そう考えていいのでしょうか。

ちょうど、同じことを考えている人に出会いました。それが、丹野さんであり、白尾さんでした。
「教師としての基本って、どんなことだろう」
「授業を見られているという意識があると、話し方や問いが変わり授業がうまくならないか」
　そういうやり取りをしながら、この本の章立てを考えました。
　もちろん基本的な指導案のつくり方も取り上げました。けれど指導案があって、生徒がいるのではなく、こんな生徒がいるから指導案はこうした方がいい、柔軟に指導計画を考えてもらえたらと思い、コメントも加えました。
　1章は、授業の前に準備することや意識することを中心にしました。
　2章は、小学校だけでなく中学や高校の先生が参考にできるように教科ごとに指導案を書きました。また、他教科の方が専門外のコーナーを読んでも役に立つように授業のテーマや学習の特色をミニテーマとして取り上げました。
　3章では授業を時間順にパーツに分け、どういった工夫が必要か、指導の技術を中心に例をあげながら説明しています。
　授業という山があるとしたら、裾野は指導技術であり工夫です。裾野が広ければ、高い山ができるでしょう。指導案と授業づくりの工夫、ともに重要で、この本には秘密がいっぱいです。
　さあ一緒に、授業のチカラをたくわえていきましょう。

多和田実　丹野清彦

# 第1章

授業のまえに知っておこう

1　先生のおもしろさ、むつかしさ

Question

学校の先生になりたい
だけどたいへんそう
おもしろさ
むつかしさ
教えてください

 STEP 1　先生のおもしろさって、なんですか？

　小さいころにおもしろい先生に出会いました。その先生のようになりたいなあ、と思いました。それから学校の先生をめざしました。なってみると、おもしろいより大変なことがいっぱいでした。ピアノが弾けない。好き嫌いの多かったわたしには、給食はつらかった。でも、いい先生にならなきゃ、と無理して食べると、目から涙が出てきました。それを見たクラスの子ども、由美子さんが「先生、無理せんで少しずつ食べたらいいんで」と、はげましてくれました。それから、いい先生の仮面をかぶるのはよそうと思いました。なにより似合いません。だけど、努力しなくていいといっているのではありません。今より少しだけ、いい先生になろうとしたらいい。少しずつです。由美子さんがそう教えてくれました。先生のおもしろさ、それはこんなふうに、子どもから教えられることかな。

むつかしさって、どんなこと?

　学校の先生のむつかしさ、それは大きくふたつのこと。

　ひとつは、授業です。授業をするためにいろいろな準備をします。けれども、授業を懸命にしているのに盛り上がらない。盛り上がらないだけでなく、授業中に騒がしい。こうなると困ってしまうでしょう。

　だから、もうひとつの大変さは、子どもや生徒とつきあうことです。小学校だと子どもと一日中関わります。中学校や高校だと、教科担任制ですが、そこで生徒から話しかけられ、関わりが生まれます。

　関わりの中で子どもたちが、先生を信頼し授業は成り立ちます。教師が授業に対する考えを示し、こんなふうに授業を進めるつもりだよ、と絶えずメッセージを伝え、それを子どもたちに受け入れてもらっているから授業が成り立っているのです。教師と子どもの間に、見えない信頼の糸があり、それでつながっているというわけです。

　でも、わたしにはこんなことがありました。それは、国語の物語で「大造じいさんとガン」を学習した時です。授業が終わる時に、「国語の授業が好きになった?」と、聞きました。結果は国語きらいを増やしました。どうやらわたしが教えすぎたようです。好きな教科ほど、教師は教えたくなり、話したくなる。子どもの出番は、追いやられます。

　わたしの高校の数学の先生は、フリーハンドで美しい円を書きました。その技術にあこがれて、数学に興味を持ちました。口数の少ない、おとなしい先生でしたが、影響を受けました。中学の英語の先生は、3人横並びで座らせて、学習班をつくりました。授業の途中で教え合う時間を必ず取ってくれました。その時に、質問することができました。

　生徒の側からすると、先生をよく見ているということです。そして、子どもや生徒の人生に少なからず影響を及ぼす仕事です。ここがいいところでもあり、だからこそむつかしいところです。子どもや生徒の人生にかかわる、それが学校の先生です。

STEP 3 何ができるようになったらいいんでしょうか？

　それは、授業と学級づくりです。わたしは結構失敗が多いです。家庭訪問の家を一軒、飛ばして家に帰りました。夜7時、電話が鳴った。
「家庭訪問を待っているんですけど……」
「ああ、いまから伺います！」「いえ、もう明日でいいです」
と、やさしくではなく、冷たく切られました。
　次の日、6時ごろに家庭訪問に行きました。玄関を開けると、お父さんまでいるではありませんか。やっぱり怒っているな。こうなったら仲良くなるまで居座る決心をし、会話を続けました。そうしたら、晩ご飯が出てきました。迷いましたが、断るのも気が引けました。でも帰り道、ホッとしながら楽しくなりました。だって、ピンチがチャンスに変わった気がしたのです。わたしたちの仕事は、人と人をつなぐことです。まず自分が人とつながろうとすることです。
　もうひとつは、わたしは若いころ、学校で一番子どもに人気がありました。若いからです。ところが、転勤するとベテランの男の先生が遠足などでいつも子どもたちに囲まれていました。「おかしい……」と、思いました。よく見ていると、子どもたちが言ってきたことに、
「いいよ。わかった。やってみよ」
と、受け入れていました。この任せるということが結構むつかしい。だけど、自分だって任せられたほうが嬉しい。やる気になる。子どもも同じです。任せることができるようになったら、大したものです。
　まとめると、

> 　大人や子どもとコミュニケーションをうまくとり、あなたにあった距離をとること。
> 　ちょうどいい距離は、あなたにあった距離、関わり方のことです。

　これができたら、楽しくなるよ。でも10年くらいかかります。（丹野）

2 教師の1日、そして1週間

Question？

先生の一日って
忙しそう
楽しく働く
秘密
なんですか

STEP 1 1年のはじまりは、4月？

　1年間の始まりは4月ですが、4月になる前から新学期の準備を始めましょう。では新年度の準備、どんなことがあるのでしょうか。
- 学年や学級が決まったら、学習や教科内容を確認し見通しをもちましょう。
- 担当する子どもや学年の生徒の理解・把握に向けた準備をします。そして、子どもや生徒の学習や生活面の様子について情報を集めます。
- 名前の呼び方を確かめ、新学期の出会いに備えましょう。始業式やはじめての授業で、正確に名前を呼んであげることが、よい出会いの第一歩です。
- 家庭環境や個人の特性について記録を読み、前の学年の人と情報を集め必要とされる指導の方針を立てます。

　これが教師の1年の始まりです。3月末が終点であり、起点になる。慌ただしい感じもしますが、うまく切り替えていくことが大事です。

教師の1日は、おはようから

　朝は早めに来て、提出された宿題に目を通しながら、学級で子どもを迎えて、「おはよう!」と声をかけます。そして、「今日は元気だね」とか「大丈夫ですか?」と、ひと言返します。子どもの様子はそれぞれで、わかりづらいですが、朝から元気な子と朝が苦手な子がわかるので、それに合わせた声のかけ方を工夫します。小学校だったら、宿題は可能な限り朝の時間に目を通すようにします。

　中学、高校なら職員室で同僚の先生方とうち合わせることも重要です。私は、普段は日記にひと言コメントを書き、漢字や計算などはしっかり書かれているかを確かめます。初任の時、PTAで保護者から「先生は間違った漢字に丸をつけている」と言われました。その時はよい気持ちではありませんでしたが、今では感謝しています。漢字ノートを開いて数秒で誤字を発見できる力がつきました。日記には子どもの訴えの他に、保護者からの記録が書かれてあったり、手紙が挟んであったりすることもあります。朝の内に子ども、保護者双方の情報を把握することが大事です。

　朝の会は帰りの会、給食指導、清掃指導、朝の諸活動と同様、ほぼ毎日ある日常活動です。毎日ある活動が学級づくりではとても重要です。私の学級では、朝の会、朝の諸活動、給食、帰りの会は日直がリードしていました。日直は「1日のリーダー」として学級のみんなに声をかけます。朝の会、帰りの会の進行、給食時の指示やあいさつなど仕事を学級全員が交代で経験することに意味があります。学級での生活は、学級の子どもたちそれぞれの分担と責任と協力で進みます。日常活動では分担と責任と協力を通して、どう行動すればよいかを学んでいきます。

　この他の時間が授業になります。授業も各教科と教科外(道徳、特別活動、総合的な学習の時間、外国語活動等)では内容も方法も異なりますが、大事なことは、それぞれの特性をしっかり見極めて学級づくり学力づくりにむかって指導しましょう。

教師の1週間、見通しを持って

　今度は1週間の計画です。まず今週の確認をして、日常活動を当たり前のようにこなしていくことで、子どもには1週間が始まったことを体感させます。木曜日には来週の週案（学習指導計画）や学級通信が完成するようにします。特に学級通信は金曜日に書く欄だけを開けておくようにして、金曜日の朝の会か帰りの会に配布できるようにします。

　そのために学級通信の内容をメモしておくことが大事です。内容は連絡や今後の予定、子どもの様子が中心となります。子どもの様子はここ1、2週間の出来事からでもよいし、週内の比較的新しい出来事を入れるなど工夫が必要です。

　ただ、高校には週案がないようです。その代わりに、春にシラバス（年間計画）を出します。細かな計画は、提出がなくても必要です。毎回計画しながら、それを貯めていきましょう。

　学期の見通しとしては、学期ごとの行事や学習内容を見据えて何月のいつ頃に何をするか、見通しをもつことが大事です。その意味では毎日の仕事をしながら、教育課程（教育計画）を参考に計画を立てます。そうすると、行事等が迫ってから慌てることがなくなります。学校生活では、突発的な出来事への対応もあるし、学級には学力や生徒指導上の課題を抱えた子どもや生徒もいます。そうした対応もあることとして、年間スケジュールに入れましょう。私も、そうした子どもたちの個別家庭訪問によく行っていました。見通しが持てれば、余裕ができます。この余裕がいい実践をつくります。

> 　学ぶは、まねるからはじまる。　教師の仕事は、小刻みでリズミカル。
> 　まずまねる。そして、自分のペースをつくって仕事をしよう！

　年間を見通して「1」（日・週・月・学期・年）の仕事にかかわる姿勢が求められます。ちょっと大変ですね。　　　　　　　　　　（白尾）

3 教材研究の仕方

Question?
教材研究って
どんなふうに
何に時間をかけたら
よいのでしょう

STEP 1 教材研究の課題、時間を見つけること

　授業のために教材研究が大切であることはわかっていても、授業以外の時間の仕事が多いのが学校。なにより学校として、教材研究の時間を週時程に位置付けることと教師自ら教材研究をする意識と行動をつくり出すことが大事です。その上で私が考える教材研究の課題は、3つあります。

1	教師が適切なグループ指導ができず、教師と児童生徒との1対1対応を基本にした語りの授業が多い。
2	教材研究の継承（教師同士の指導方法・内容・技術の継承）がなされていないため自己流・型にはまった授業が進んでいる。また流行りの指導法に飛びつき、型にはまった授業しかできない。
3	学習のまとめ、振り返りの工夫が不十分で習熟が時間内にできない。

このことが教材研究とどう関係があるのでしょうか？

教材研究の具体的なしかた

　国語では、物語や説明文では、筆者について調べます。調べる一方で、本文を何度も読んで、コピーして教材研究ノートに貼ります。筆者の他の作品も探して、考え方の傾向を把握します。その上で単元の目標と求められる学習活動に合わせて、どうしたら「できて、わかって、たのしく」できるかを考えます。そのとっかかりは物語文なら登場人物の言葉と行動とその背景をつかむことで、説明文なら問いと説明と答え（主張）のつながりをつかむことです。これらはどれも発問や板書で明確に示す必要があります。

　算数では、何を明らかにする学習なのか（めあて）、その解決に使える既習事項は何か、学習活動の表現方法（個別・グループ・全体）の設定を決めることがまず求められます。

　理科では、自然の事象をどう見せて、子どもにどんな問いを持たせたいかを考えます。その上で、明確な問いを示すことができるようにして、めあてを立てます。問いに対する予想をして、問いを明らかにする方法（実験・観察等）を既習方法から考え、できれば予想に対する話し合いを入れると後の学習活動が意欲的になります。実験や観察の記録と同時に表現方法や場を工夫するとよいです。また結果とわかったことを意識してまとめることも大事です。

　社会では、単元を通した課題は何で、時間ごとの課題との関係をしっかりつかんで、まとめられるところはまとめた表現で問い（めあて）を立てます。

　例えば自動車工業の学習なら教科書には毎時間のめあてが示されていますが、①自動車はどのように生産されるか、②自動車はどのように運ばれるか、③これからの自動車づくりは？、の3つのめあてでも展開は可能です。そうすることで調べ学習やその発表に時間を取る余裕が出ます。

STEP 3　もっと教材研究がうまくなるには

教材研究で大切にしたいことは、次の3つです。

■教材研究を授業に生かす、それは発問

教材研究を踏まえて授業に生かすために学習対象（教材）へ接近させ、興味を向けるめあて・導入の工夫とそれに伴う学習活動が展開されます。発問では予想を立てたり、学習対象についての考えを求めたりします。

■学習活動の形態

次は、他者との対話です。「学習対象への自分の考え」をペアやグループで交流して共有します。意見交換や討論も含みます。それは単に考えを交流しているだけでなく、同時に自分の考えが修正されていきます。ここでも重要なのは「視点（立場）を換える発問」です。「A君はなぜそう考えたと思いますか？」や「B君はどうすればよかったのでしょうか？」という問いです。同じ課題（学習対象）に向かいながらも異なる視点から考えることで学びが深まります。

■自分の考えづくり

最後は自分との対話です。自分との対話は、「学習対象（教材）への接近」と「他者との対話」で既に始まっていますが、その過程を通して「学習対象（教材）への自分の考え」がさらに深くなっていきます。このように、しっかり教材に向かわせて、自分の考えを持ち、他者と交流し、他者の立場で考え、自分の考えを更新する思考による「主体的・対話的で深い学び」を授業の中で実現することが求められます。　　　　　　（白尾）

　教材研究は、教師の財産、コツコツ貯金。教材研究の積み上げをしていこう！
　いまは長い時間かかっても、そのうち本を開けば思い出す。めざすは子どもたちの自分の考えづくりです。

4 授業は、3つに分かれている

Question?

授業を
たのしくしたい
わかりやすくしたい
どうしたら
実現できますか？

STEP 1 授業は3つに分かれている

　授業はおよそ3段階に分かれます。導入、展開、終末です。図で表すと次のようになります。

			学習活動・留意点	
導入	学習のめあて	細分化もできる	学習課題	見通し
			学習のめあて	予想
展開	中心になる学習活動		自分の考えを持つ	個別
			グループで話し合う	グループ
			全体で話し合う	練り上げ
終末	学習のまとめ		学習のまとめ	まとめる
			振り返り	確かめる

3段階で重視すること

このように授業の基本的な3段階は、
◆**導入**……何の学習で、生活とどんな関係があり、どうするがわかる
◆**展開**……実際に様々な方法でやってみる、考える
◆**終末**……できたこと、わかったことを確かめ、まとめる
ことになります。

では、少し細かく考えましょう。導入で重視することはなんでしょう。

導入は、授業の目標に迫るための課題を示して、そこから「学習のめあて」を出すことも行われますが、学習内容の流れによっては最初から「学習のめあて」が出てもかまいません。人によってはここにこだわる人もいますが、大事なことは、教師が子どもにとってのわかる筋道を予測して、授業は行われます。わかる筋道に必要な手立てを柔軟に選択することです。

導入段階で重視したいことは、「学習のめあて」に対する予想の時間を設けることです。子どもが、予想に興味をもつと、その後の学習活動が意欲的になります。

授業の中心と段階で、授業の目標に段階的に迫るために展開を2つ、または、3つに分けることもあります。展開を分けることのできる教師は、子どもがわかる筋道の予測（授業設計）がしっかりできていることになります。ただし重要なことは展開段階を分けるのは、子どものわかる筋道から必要とされるので、4つも5つも分けるのは、授業設計の見直しが必要です。

算数や社会では「一人で考える」、「グループで考え、発表する」という2段階でもよいし、国語の物語文でも同様にしながら、学習内容として2人の登場人物の心情の変化を扱うこともあります。理科では予想が特に重要ですから、予想を展開の段階に入れることもあります。

STEP 3 もっとうまくなるには、重点をきめる

　授業をおこなう上で、最も力を入れたいところは展開です。展開で重視したいことは、考えを出し合う「思考の練り合い」です。

　思考の練り合いというのは、「本当に、それでいいのか」と、考えを揺さぶり、自分の考え、思考を深めることです。

　せっかく話し合っても発表会で終わるのではなく、相互の発表を基にさらに思考を深めるようにグループ発表への賛否や根拠を問い直す発問を加えることで、思考の深まりが促されます。「思考の練り上げ」では、教師の指導力が試されます。子ども同士の思考の交流で、授業の目標に迫るために必要な視点の提供や指示は必要です。授業では基本的に教師が子どもの思考より先行していますから、授業の目標に照らして、ここはこだわった方がよいと判断した場合には、子どもの発言を再言語化して投げ返して、さらに考えるように指示することもあります。

　「思考の練り上げ」を普段から意識しだすと、子どもへの切り返しが少しずつ上手くなり、討論の授業ができる教師になります。今後、アクティブ・ラーニングが求められるようになると、この「思考の練り上げ」の場での教師の指導力が問われるようになります。ポイントは子どもの発言、発表を授業のねらいに即して判断し、「考える」ために必要な手立て（指示・発問等）を取ることです。

　なお、「思考の練り上げ」の場を入れた場合は「一人で考える」「グループで考え、発表する」に加えて「みんなで考え、まとめる」という3段階になります。
　　　　　　　　　　　　　　　　　　　　　　　　　　　　（白尾）

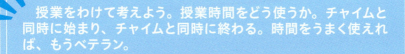

授業をわけて考えよう。授業時間をどう使うか。チャイムと同時に始まり、チャイムと同時に終わる。時間をうまく使えれば、もうベテラン。

5 しっかり準備したい発問

Question?

発問って、
なんですか
どんなことに
気をつけたら
いいんですか

STEP 1　教師の発言は、3つに分かれている

　教師が授業中に発する言葉は、説明、指示、発問の繰り返しが中心で、これに子どもの発言への応答や承認（称賛）が入ります。これらの教師の言葉は、授業目標の達成に向け子どもや生徒を励まし、学びへの意欲を高めるために、繰り出されます。発問によって、子どもや生徒の反応が全く異なります。発問を中心とした言葉の充実が求められるということです。

発問	問題を教師が話して投げかけること。このあと子どもたちは考える。
指示	行動や作業をうながす言葉。言われたことに対して活動をおこすこと。
説明	詳しく手順や過程、用語について話す。子どもの考えを解説すること。

　教師が発する言葉、それは教師の言語活動の充実です。言語活動の充実というと学ぶ側のことだと思いがちですが、それは現代の教育が目指す上で重要なことですが、実は教師の言語活動、それが発問です。

3段階で重視すること

　発問は教材そのものについて問う、教材文や友だちの考えについて問う、の二つに大別されます。授業をつくる時に教材に子どもや生徒を向かわる場合や子どもの考えに向かわせる場合に分け、問いを考えます。例をあげます。

		発問の試案　※ほぼすべてに根拠（理由）を求める
小学校	国語	▶登場人物の気持ちはどの表現に表れていますか？（理由まで） ▶文章で説明されている内容を短く表している言葉（表現）はどれですか？（理由まで）
	社会	▶この事実（資料等）からわかることは何ですか？ ▶今はこういう見方の意見が多いけど、他の見方はないですか？
	算数	▶この問題を解くのに何がわかればよいと思いますか？ ▶どちらの考え方がよいと思いますか
	理科	▶この現象はどんな視点（見方）で観察することが大事ですか？ ▶この実験・観察の目的は何ですか？　▶予想を立てよう！
	体育	▶跳び箱が跳べるために必要なことは何ですか？（経験の集約） ▶○○○さんが跳べた理由はどこにあると思いますか？（思考の表現）
	生活	▶「〜」の「びっくり」（気付いたこと）を発表しましょう。（指示） ▶「〜」はなぜ、「○△」のようにしているのでしょう？（思考）
中学校	社会	▶女性の形をした土偶が多いのは、どうしてだと思いますか？ ▶「現代社会」を生きるために大切なことってなんだろう？
	数学	▶速度と制動距離がどのような関係になっているか、その理由を考えよう ▶砂時計をつくるために、必要なことは何だろう？
高校	地歴	▶なぜ、今のような科目が科挙で重要視されたのか、話し合いましょう。 ▶「応天門の変」の真犯人を、前半で学んだことをもとに推理してみよう。
	情報	▶どうして LINE が乗っ取られてしまったのか？　グループで考えてみよう ▶フィルタリングを施すことで、どのような利点や問題点が出てきますか

発問がもっとうまくなるには

そこには 2 つの重要な視点があります。

ひとつは、発問が教科等の本質を踏まえたものであること。

先に挙げた説明、指示、発問と応答や承認（称賛）を授業の流れに沿ってどのように使うか。授業設計に沿って子どもの反応にあわせて良いタイミングで計画的に発する場合と、子どもの想定外の反応に対して瞬間的に使う場合が授業にはあります。その中でも、最も重要なのが発問です。

教師の言語活動の工夫での内容の中心になるのが発問です。それが教科等の本質を踏まえたものになっているかが重要になります。教科等の本質はそれぞれの教科等の見方・考え方が中心になります。発問がそれぞれの教科等の内容を踏まえた見方・考え方を反映しているかが問われます。いくつか試案を出してみますが、大事なことは授業をする教師一人一人が何を問えばよいかについて、授業の目標に向かって教科等の内容を生かした発問を考えることです。

次は、発問が子どもの発言（表現）の再言語化を踏まえたものであること。

子どもの発言や表現を授業の場で取り上げる「再言語化」が重要になります。再言語化は教師が不断の授業の中で無意識に使っています。「〇〇の『〜』という考えはどうですか？」
という具合です。これは消えてしまう発言を再登場させることで、思考のきっかけを作ることになり、必要に応じて板書もします。

このことは、発言した本人にも聞いていた子どもたちにとっても思考を意識づけ、一段深い学びへと導きます。　　　　　　　　　（白尾）

> 教科の本質を見据えた発問の工夫と子どもの言語化を意識した発問を考えていけば、発問づくりが楽しくなる。授業中に教師が発する言葉、それは教師の言語活動の充実です。

6 教材教具の選択と掲示物

Question ?

教材・教具は
どうしよう。
黒板になにか
張った方がいい?

STEP 1 教材・教具って、なんのために?

　教材・教具といえば、何をイメージしますか。もっとも、イメージしやすい教科は算数・数学かな。わたしがこれまで授業をしたなかで、最も人気だったのが、キャラメル。本物のキャラメルです。たしざんの学習で使いました。子どもたちは、たしざんっておいしいと喜びました。教材・教具とは、モノを使って学習の手助けをするもの。キャラメルが次はタイルやおはじきに変ります。

　社会や国語になると、教材・教具というより、資料的なものになるかな。江戸幕府の仕組みを考えるのに、どんな資料を使おうか、資料から何を取り出そうか。そう考えること。これが、黒板に貼られていくと、はりものになります。家康さんの顔とか、江戸城とか。国語だと、ごんぎつねの挿絵や兵十の持っていた銃。もちろん、視覚に訴える役割がある。けれど、それ以上に楽しさを伝えてくれますよ。

教材・教具や、はりものはどう使いますか?

だんだんむつかしい質問になってきたね。

使い方の基本は、どんな授業をするつもりなのか、と関係がある。ここでは、小学校算数の平均の授業だとしよう。

5本のペットボトルに水がそれぞれ異なる量はいっている。これを平均するといくらですか、という問題です。

教具の出番は、平均をイメージしてもらう場面。平均と言われても、ピンと来ない子どもがいる。そこで、水槽を持ってくる。ペットボトル5本分、仕切りがついてある。仕切りごとにペットボトルの水を流し込んだ後に、その仕切りをとると、水の量がならされる。これが平均だよ、というかな。このように、問題をイメージ化することや、言葉の意味とイメージを一致させる場面が一番いい。

社会だと、地図を貼るとしよう。江戸時代の日本地図です。地図だけだと子どもは、見たくないという感じです。それに、当時の支配者である家康の似顔絵を貼る。さらに、矢印などで、幕府が支配を広めたことを掲示していくと、もうただの地図ではない。見る気になって、ここで問題を出されても考えやすい。

だけど、たとえちゃんとしたものじゃなくてもいいんです。どういうことって、思うでしょう。それは、黒板に掲示物があるだけで、授業が楽しく感じる。不思議なものです。チョークの字だけだと、古くさい。パソコンで映し出されているのは、味気ない。

人気は、手作りです。問題を出す博士をつくろう。強調する矢印やここがポイントなどを示すマークや表示をつくったらどうでしょう。どんな教科でも使えるよ。ちょっとしたアイデアで、授業がわかりやすくなる。そんな工夫をしてみたら。

STEP 3 もっとうまくなるには、つくること。やってみよう。

　もっとうまくなりたいって考えることは大切なことだよ。でも、考えるだけじゃダメ。やってみなきゃ。わたしが実際にどんなものをつくってきたか、紹介しよう。

- 社会の授業「日本の工業」で使ったハンバーガー。日本が世界の国と貿易をしていて、外国から牛肉を輸入している。その肉がハンバーガーの肉になっている。貿易のつながりで使いました。
- 次は、国語のカニの兄弟。宮沢賢治さんの「やまなし」の授業です。おぼえているかな。なかなかむつかしい話でした。それで、カニの兄弟と話の中に出てくる泡をつくりました。
- つぎは、紙でつくった笛。なんの教科だと思う？　数学です。算数数学と聞くと、いやだと思う人もいるでしょう。そこで、笛をつくりました。笛をつくるためには数学のいったい何が使われているのかな？
- 最後は、いつも問題を出す博士。この人が出てくると、問題が続いて登場します。「さて、この問題が解けるかのう」なんて、問いかけています。何か作ってみませんか？　きっと楽しくなる。

> 言葉は消えるけど、ものはささやき助けます。教材教具によって、子どもたちの反応は、おおちがい。張り物もちょっとあるだけで、わかりやすーい。そんな声が聞こえてくるよ。

　技術があれば苦労はいらない。技術をカバーするのは工夫だよ。　（丹野）

7 黒板の字＆板書は大事です

Question

黒板に字が
うまく
かけません。
板書は
大事ですか？

STEP 1　板書の役割って、なんでしょう

　それは、どんな授業をしたか、ひとめでわかる伝える役割です。だとしたら、あなたの板書はわかりやすいですか。相手が見て、あなたの授業のわかりやすさだけでなく、わかってほしいという熱意が伝わるものでなくてはなりません。そういう意味では、板書というのは、知識だけでなく、授業にかける情熱を伝えるものです。

　だけど、どうやったら伝わるのでしょうか。気になるのが雑な字です。どうせうまく書けない、あきらめていると思えます。どんな字が雑な字かというと、字が薄い。大きさがばらばらで、列がふにゃふにゃ。だから、字を大きめに濃く、力を入れて文にして書いてみよう。きっとうまく見え、気持ちも中身も伝わります。

書き方の基本って、何ですか

それでは、書き方の基本です。

【 字の大きさ 】

黒板に、薄くマス目がついていれば、列がそろうのでうまく書けます。でも、そうでなければ、基本の字の大きさを決めましょう。少し大きめにすると元気よく見えます。

【 チョークの持ち方 】

チョークを親指と人差し指の2本でもって、力を入れて書いてみましょう。少し丸めな字の方が、チョークがなめらかに動いてくれます。

【 色チョークの使い方 】

白いチョークが中心です。黄色のチョークで書いた字も見ばえがいいので、問題を書くときや囲むときにつかいます。赤いチョークの字も、印象に残るので、大事なことをまとめる、質問や違う考えが出たときに、書き込みます。

【 文字の囲み 】

授業なので、めあてや問題をどう囲みますか。定規を使って囲む人が多いけど、まっすぐ線が引けません。フリーハンドがおすすめです。おすすめの文字の囲みは、波線や点線、ノートがちょっとめくれたような囲みも、やわらかく見え好評です。

これが基本です。

それ以外のチョークの文字は、見えにくいのであまり使いません。一度書いてみて、後ろからよく見えるかどうか、眺めて見ると使える色チョークとそうでないものが、はっきりします。

もっと、上達したい。うまく見せるには

ええっ、もっとうまく見せたい。そのよくばりさ、いいですね。

板書を上達したければ、板書のまとめ方と見やすさの2つを考えよう。まとめ方は、どんな板書にするかということです。おもに2つあります。ひとつは、意見や考え、発言が出てきた順にまとめる時間的な順番の板書です。ふつうは、これが多く一般的です。もうひとつは、時間的な順ではなく、構造的な板書です。たとえば、ごんぎつねだと、黒板を上下に分けて使い、上の段がごんのしたことや気持ち、下の段が兵十の気持ちやしたことを書く。あるいは、子どもの考えを聞きながら、気持ちごとに分類し板書するやり方です。

見やすさでは、文字の書き方や線の引き方に秘密があります。雑誌のように文字の大きさを3タイプくらい用意します。大きいだけでなく、太さも意識しましょう。チョークを折って、横に使うと、いろいろな太さの字が書けます。同じ仕方で、線も太さを使い分けると見やすくなります。

(丹野)

チョークの字や枠の線の太さに注目してください

> ちょっとした工夫で、板書がうまく見える。そのために、試してみよう。それが技術を増やしてくれる。

8 授業の基本、見られる4つ

Question

授業をするとき
どんなことを
見られて
いるんですか

STEP 1 見られる4つの視点

　授業は、教師の仕事のメイン。張り切って、その分緊張してしまいます。発問を忘れないようにしようとか、どんな授業の流れだったかな、と意識しすぎると、よりドキドキしてしまいます。そんな時、もっと大切なことがある、と言ったらどうしますか。ええ、本当にあるの？　なんて思う人いないかな。授業の前に、もっと重要なこと、それは4つ。わたしは、授業を見るときに、まずこの視点で授業者を見ています。ひとつめ、声の大きさです。ああ、そうだったのか、と思うでしょう。緊張すると声が小さくなります。教室のうしろまで聞こえません。次は、話すスピード。ドキドキすると、早くなります。ゆっくり落ち着いて話すことって、やさしくないですね。みっつめは、教師の視線と表情です。そして最後は、適度に教室を歩くことです。だんだん、わかってきた？

STEP 2 たとえばこんなこと

ではひとつずつ、説明していきましょう。

まず、声の大きさです。教室のうしろの人にはっきり聞こえる大きさがベスト。けれど、後ろの人に聞こえているのか、ちょっと心配になりませんか。だから、話しながら、うしろの人の顔を見るようにしています。場合によっては、「このくらいの声の大きさで、大丈夫ですか」なんて、話しかけます。

次は、話すスピード。学年によっても聞き取り方が違います。何年生を受け持っているのか、自分に言い聞かせて話す速さを変えていきましょう。相手が自分になれるのではなく、教師が相手にあわせて自分をかえるのです。ワンパターンでは、技術がなさすぎですよ。

みっつめは、教師の視線と表情です。あなたは話すとき、どこを見ていますか。子どもの顔を見る、これができません。中学生や高校生ならもっとそうかもしれません。でも大事なことです。そしてただ見つめるだけでなく、灯台の灯りのように、教室全体に視線を送りましょう。たまにニコッとしてください。かえって、怖かったりしてね。余裕のある先生を演じましょう。

最後は、教室の歩き方。教卓と黒板の間にずっと立ちっぱなしでは、親しみが感じられません。工夫もないよ。時には、教卓の前に立ち話しかける。後ろの方へ足を運び、声をかける。右側の人が発言すれば、左側によって、距離をとる。適度に教室を歩き、多くの子どもを巻き込んだ授業をしましょうね。

STEP 3 どうしたらできるようになるの？

　なかなかいい質問ですね。どうしたら、できるようになるのでしょうか。この4つの視点、まとめて考えれば、話し方の技術です。話術ともいいます。話術というと、「ぼくは苦手」とか「あいつは話がうまい」となりそうですか、そんなことは関係ありません。

　大切なことは、相手を見て話しているか。相手意識です。そのために、大切なことがあります。

■ **相手の反応を見て話し方を確かめる**

　自分の話し方、たとえば声の大きさやスピードなどです。子どもたちが話を聞いていない時がよくあります。「なんで聞かないんだ」注意するでしょう。でもね、声が小さくて何を言っているのかわからないとしたら、誰が悪いの？　話が早すぎて、聞き取れないとしたら、あらためるのはどっちでしょうか。

■ **練習する**

　わたしは、東京に行った時は、落語やお芝居を見に行きました。落語を聞く会に入り、定期的に話を聞きました。それは、話し方がうまくなりたかったからです。話がうまいとは、展開がおもしろいだけではなかったのです。間の取り方、接続詞の使い方、視線、表情などに工夫がありました。技です。技を身に付ければいいのです。これって、うれしくありませんか。だれでも上手くなれるということですよ。　　（丹野）

> 授業の前に、話し方を意識しよう。視点は4つ。話が上手くなりたかったら、鏡を見て練習してみよう。まず、顔のマッサージ。そして、「鏡よ鏡、世界で一番話がうまいのはダーレ？」てね。

趣味は授業を盛り上げる
音楽には、詳しいです

　私の一日は、朝のギターに始まります。朝7時、大学にやってきてまずギターを取り出します。ちょっと弾いてみて、
「声の調子が、いまいちだな」
「今日は指の動きがいいな」
と、その日の調子を確かめながら、約一時間熱中します。
　どんな曲を弾いているかというと、なんでもこなします。古い曲は、フォークソングから、最近はEXILEまで。みなさんは知らないかもしれませんが、吉田拓郎や井上陽水、チューリップ。あの頃の歌は、気持ちをきれいにしてくれました。
　最近は、私が高校の頃はやっていた歌謡曲などが中心です。青春を思い出しながら歌ってます。演歌やJポップ、洋楽までレパートリーは幅広いです。耳で聞いた曲をギターで再現することができます。ちょっとした自慢ですが。
　こうやって一時間あまり、ギターを弾きながら自分の気持ちを高め、
「さあ、一日が始まるぞ」
そういうテンションに持っていくのが日課です。
　ギターは高校から本格的に始めました。そのギターもまだ持っています。長い付き合いです。
　学校の先生というのは、話すこと、説明することが主な仕事ですよね。
　小さな声では生徒のみなさんに、うまく伝えることができません。声が大きいこと、これが何より大切です。私の発声は、こうやって歌で鍛えら

てきました。一時間ほどすると、ほかの先生方がやってくるのでギターは、おしまいです。仕事の準備に入ります。

　でも、こうやって朝ギターを弾き、声を出していると気持ちがすっきりします。落ち込んでいたり、授業や生徒のことで悩んでいたり、前の日の出来事を引きずっている時もあります。みなさんだって、きっといろいろあるでしょう。だけど、私はいつものように朝のリズムを刻んでいるとそれらをしばらくの間、忘れることができます。本当は、ずっと忘れたいくらいですが、そうもいかない。こんなふうに自分の気持ちの平静を保っているのです。

　なかには、ランニングだったり、野球などのスポーツの人もいるでしょう。なんでもいい。なにか、自分を落ち着かせる趣味を持ちましょう。

　私も、以前は毎日ランニングをしていました。高校時代から音楽、特に洋楽も好きでした。1955年以降の洋楽の歴史やヒット曲、グラミー賞にも詳しいです。こんなことを言うと高校生は、すぐに試そうとします。だから相手をしてあげます。でも、全部私は言えるんです。数学に興味がない高校生も、だんだん顔を上げてきます。これがねらいです。

　ついでに言うと、映画も大好きです。アカデミー賞や映画俳優、興行収入などの記録にも詳しいのです。まだ、趣味はありますが……。

　沖縄は芸能の島です。趣味は身を助けてくれます。働くということは、給料を得る代わりに時としてエネルギーを失い、何かを抱えてしまうことがあります。でも季節に四季があるように、私たちの心にも四季があり、秋になり冬になったとしても、秋には秋の発見があり、出会いがあるはずです。そう思えるような気持ちの持ち方や切り替え方の術を持ちませんか。わたしは、そう言いたいんです。

（多和田 実）

第2章

しんせつ、ていねいな指導案の書き方

1 単元全体の指導案、やさしい書き方

Question

全体の指導案
よくわかりません
ひとつひとつ
やさしく
お願いします

 STEP 1　指導案は未来予想図

　学習指導案には、一定の形式があるわけではなく、いろんなパターンがあります。教科や校種などによっても異なってきます。

　学習指導案は、教師の授業の設計図ですが、研究授業等での観る側からするとその授業の案内図です。ですから、学習指導案は、本時の展開だけではなく、授業参観者に対して、この授業がどんなものであるか、具体的には、この単元はどのようなものなのか、このクラスや子どもたちがどのような状況なのか、これまでどのような指導をしてきたのか、今後はどう指導していくのか、今日の授業はどのように展開していくのか、評価はどうするのかなどを伝えなければなりません。そのために、単元の目標や評価計画を書く必要があるのです。

　では具体的に、説明していきましょう。定まった形式はありませんが、どの校種、どの教科でも押さえてほしい最低限の内容について説明します。

具体的な書き方

次のことを参考にしてね。

1. 単元名

主題・題材のこと。学習内容のあるまとまりで、学習者にとってひとつの完結性のある学習経験の単位です。数学における単元とは、ほとんどの教科書の「節」に該当するものです。

2. 単元の目標

単元全体を通しての指導のねらいについて書きます。どのような内容を、どんな方法でどの程度、どのような力を伸ばすのか、具体的にここでは中、高を例に記述します。

3. 単元について、または、単元設定の理由

(1)教材観　(2)児童観・生徒観　(3)指導観　の3項目に分けて書くのが一般的ですが、3つをまとめて「指導にあたって」などのように集約して書くこともあります。

(1) 教材観

教材観は教師側からの観点であり、この単元のもつ教材としての教育的価値、意義、役割を理解し既習学習内容とこれからの学習内容との関連を記述します。また、教科教育の理論や児童生徒の発達段階と単元・題材を設定した理由、他単元・他学年との関連を記述します。

(2) 児童観・生徒観

子どもや生徒の実態や特徴、傾向を書きます。この単元を学ぶのに必要な知識がどの程度身に付いているか（レディネステストの活用なども有効な方法です）や習熟の差を把握し、学習への取り組み状況や態度、クラスの雰囲気な子どもや生徒の学習構成要素などを書きます。

(3) 指導観

指導によって、どのような教育的価値（目標の達成等）を考えているかを書きます。単元のねらいと教材をどのように活用し、どんな方法や授業形態で指導していくのか、また子どもや生徒にどのように興味・関心・意欲をもたせ、どのような知識、考え方、技能、表現などを身に付けさせていくのか、等を具体的に書きます。

特に評価の規準は！

■単元の評価規準

　「評価の観点」からみた「単元の指導目標」と関連づけた評価規準を書きます。単元の目標に基づいて、子どもや生徒がどのような学習状況を実現すればよいのかを具体的に想定し、観点別に評価規準を設定します。

　なお、「評価の観点」については、校種や教科によって観点の数や表現などが異なりますが、一般的には次の4つの領域に分けられています。

(a) 情意的な指導目標（興味・関心・意欲）

「〜に興味を示し、積極的に〜しようとする。」「〜に関心をもち、調べようとする。」など、子どもや生徒の学習に対する素直な感性のように学習を成立させる重要な内的要因。

(b) 思考的な指導目標（思考、判断、表現）

「〜について考える。」「〜について分析し、比較し、選択する。」など思考、分析、選択、判断的な要因。

(c) 技能的な指導目標（技能）

「〜が演奏できる。」「〜の計算ができる。」「〜を処理することができる。」など計算、処理、実験操作等の領域。

(d) 認知的な指導目標（知識、理解）

「〜が理解できる。」「〜の区別ができる。」「〜が把握できる。」「〜を身に付ける。」などの認知的な領域。

■単元の指導計画

　単元を構成する小単元の名称（主題名）を明示し、その指導順序と配当時間を明示します。小単元の名称だけでなく、小単元毎の目標や指導内容を記載しておくとよいでしょう。「5. 単元の評価規準」と併記することもあります。

　　　　　　　　　　　　　　　　　　　　　　　　（多和田）

2 本時案の書き方

Question?

本時の
指導案を書くとき
どんなことに
気をつけたら
いいんですか

STEP 1　指導案に書いてほしいこと

　指導案は学校や地域によって形式が異なることがありますが、基本的に要求されるものは、次のようなものです。

- ◆授業の目標…………目標として授業で求める子どもの姿を観点に従って書く。
- ◆学習活動……………どんな学習を展開する予定かを書く。
- ◆発問や指示、支援　…具体的な問題や教師のアドバイスを書く。
- ◆評価　………………最低限、子どもたちは何ができたらよいのか目標に照らして、子どもの姿を見取る観点を書く。
- ◆時間　………………分単位でかける時間を明記する。

　授業の内容と方法が指導者である教師が確認できて、参加者に伝わるようにするものです。その意味で指導案は授業というこれから始まる形のとらえにくいものを事前に見えるようにして、授業後も授業を振り返るための重要な手立てとなるものです。

授業の目的や方向性

　なにより大切にしていることは、子どもや生徒ができる・わかる・楽しい授業にする工夫です。授業の目標に対して、どのような教材をどのような学習活動を通して、子どもの理解に結びつけるかが問われます。子どもが教材に主体的に向かっていくための場づくりとして発問や個、ペア、グループなどの取り組み、表現の方法について子どもの実態を基に指導者である教師が、子どものわかる筋道を予測して「できる・わかる・楽しい授業」を設計します。このことを踏まえた上で、指導案を書く授業が通常の授業なら、学校教育目標や学級、教科等の目標を意識して、そこへ向かう授業を設計します。校内研究に関わる授業なら、研究テーマを意識した授業になります。その際、授業設計の手掛かりになるのが研究仮説です。研究テーマに迫る研究仮説の内容を授業の中に内容と方法をセットでどのように位置付けるか、そこが工夫のしどころです。

　校内研究テーマに関わる授業である場合、授業研究は当然、それとの関連で検討が進められます。授業研究の際に授業の課題や改善策を出し合うことがありますが、第一義的には授業者が校内研究テーマにどのように迫ろうとしたかという観点から、授業の課題や改善策が検討されるべきで、校内研究テーマと離れたところでの議論にならないようにすることが大切です。

　今後、授業改善に求められるものとしてアクティブ・ラーニング等が挙げられます。重要なのは子どもの主体的・能動的な様々な学習方法であり、思考力・判断力・表現力等の汎用的な能力を育てることが目的です。

　授業の中に、仮説や研究テーマ、アクティブ・ラーニング等を取り入れる場合は、必ず「何のために」を意識して指導案に表すことが必要です。また、汎用的な能力の育成を目指す場合は、評価がより重要になりますが、授業時間での評価は2つ以内にすべきです。3つ以上だと授業者の意識が評価に傾く傾向があります。よりシンプルに、子どもたちがわかることを考えてください。

本時案の書き方、考え方

　指導案は単元名や授業の目標、評価について記入した上で次のことに留意して書きます。

- 学習課題を示してから「学習のめあて」を出すこともある。
- 学習主体である子ども主体の表現にします。「～する。」
- 教師が留意すること。教師が評価する場合は「～について評価する。」という表現。教師の指示等で子どもに留意させたい場合は「(子どもに)～させる。」という表現。

		学習活動	留意点・評価等
学習の段階は学校によって異なる表現がとられることがある。	導入	学習課題 学習のめあて 予想 　(学習内容の流れによっては最初から「学習のめあて」が出てもかまわない。) **予想に興味をもつと、後の学習活動が意欲的になる。**	学習へ向かう動機付けになる工夫を書く。
	展開	学習活動1 **中心発問や重要な説明や指示は囲むと見やすくなる。** 学習活動2 学習活動3 　(学習活動は3つが基本。グループ学習、発表、討論等、思考の練り上げにつなげる。)	評価1 再言語化を活用した集団思考の活性化。
	終末	学習のまとめ(振り返り) できたこと、わかったことを確かめ、まとめ、子どもの理解を確実にする。練習問題だけでもよいが確認をする。	評価2 評価表の準備 チャイムと同時に終わる。

（白尾）

3 小学校国語の指導案　ごんぎつね

Question

ごんぎつね
おぼえています
だけど先生は
どんな指導案を
たてていたのかな

STEP 1　国語の授業、その特徴は

　国語の授業の特徴といわれると、私が思い起こすのは、次のことです。
　まずは、指導内容を把握します。そして目標も確認して把握します。これは、国語に限ったことではありません。何の目的で何を教えるのか、指導案を書く前に確認することです。ここを丁寧にやらないと、これまでの実践で指摘されてきたように言語活動の工夫はあったが、子どもにどんな力がついたのか不明確ということにつながることもあります。そして、つけたい力とその方法を検討します。ここで、子どもにその力をつけるための方法を考えます。国語では、特に中心となるのが言語活動の充実を踏まえた学習活動です。
　さらに、評価方法の確認です。国語の表現は言語のやり取りだけでは一瞬で消えていく世界です。討論は言語のやり取りの中で子どもの理解や認識が高まるとても優れた教育の場です。子どもの発言を認め評価し、子どもや生徒の意欲を高め、次の指導につなげることを考えましょう。

指導案のポイントは読みたくなる工夫

　国語の授業、読みたくなるということから考えると、国語の本質をつかむ、追究すること。教科の本質は、その教科ならではのものの見方・考え方のことで、教科内容によって表現されます。物語文、説明文等はそれぞれ特有の表現方法を取っていて、そのものの見方・考え方を学ぶことが、本質を踏まえた授業につながります。

　たとえば、物語文だと登場人物と物語の展開（出来事・他者とのかかわり）からなる主題をもっている表現です。登場人物を通した主題は、物語の世界観、価値観を含んでいて、子どもは授業を通して主題と自分との間を行ったり来たりすることで、読み進めていきます。授業を通した主題と子どもの往復の世界を充実したものにすることが求められ、そのために教師が教材文をどうとらえるかが問われます。

　物語文の教材研究では、主題は何で、主題に関わる登場人物の言葉・行動・気持ちを整理して、教材文に書かれていることを「答え」とする発問を中心に授業を設計します。「気持ち」は教材文に根拠がある場合を中心に発問するようにします。教材に深く学ぶ場の設定によって、主体的・対話的な学びの可能性が高まります。

　最後に、説明文は物語文の登場人物を事実や関係と置き換えて教材研究すると授業設計がしやすくなります。次のページには、指導案を載せています。物語文の学習指導案（試案）です。教材文は、ごんぎつねで第6場面を想定しています。指導の目標は、兵十の心情からごんの思いを考え、主題について考えるとしました。子どもたちが、兵十の気持ちを本に書かれていることを読み取りながら、最後の場面を想像し、兵十になったつもりで考えを発表することができたらいいな、と考えました。こうやって視点を一方にしぼると、子どもたちは考えやすいと思います。（文芸教育研究会の「視点論」参照。）　　　　　（白尾）

小学校国語　ごんぎつねの指導案

	学習活動	留意点・評価等
導入	漢字五問小テスト 学習のめあて 　ごんはなぜ、兵十にくりを届け続けたのだろう。 予想　なぜだと思いますか？	漢字の習得を確認する。 単元を通して使えるめあて。 主語が「兵十は」が多い。以前は「ごんは」が中心で視点移動によって兵十の心情が中心となる。
展開	第6場面を読む。 　第5場面までとの違いに気付いた人はいますか？ 展開に従って読む。　理由も発表させる 　ごんをうつまでの兵十の気持ちを発表しよう。 　兵十の気持ちは本文のどこに表れていますか？ ※ごんはじゅうを向ける相手 　兵十は何に「びっくり」したのだろう？ 　「いつもくりをくれたのは、ごん、おまえだったのか。」ではなく、なぜ「ごん、おまえだったのか」が先なのか？ 　兵十の気持ちを想像して発表しよう。 　それが分かる表現は文中のどこですか？ ※ごんはじゅうを向ける相手ではなかった。（兵十）	気持ちの根拠を明確にする 評価1：根拠を示して表現できたか。 読み方によって異なることを大事にする。 第6場面だけでなく、他の場面の記述を根拠にできるようにしたい。 子どもの発表の後の発問 答：ひなわじゅうをばたりと取り落としました。
終末	学習のまとめ（振り返り） 　見つかれば危ないことはごんも分かっていたはず。なぜ、兵十にくりを届け続けたのだろう？	評価2：物語の展開の根拠を基に説明できたか。 この発問によって、学習のまとめをする。感想によるまとめではなく、思考によるまとめ。 個別に考えを書いてからグループで話し合わせた上で、発表させる。チャイムで必ず終わる。

4 小学校算数の指導案　台形の面積

Question ?

台形の面積
いくつも考えがでて
楽しかった
あんな授業が
ぼくにもできますか

STEP 1　算数の授業に求められるもの

　算数・数学の課題として挙げられるのは、次の2点です。
（※文部科学省、教育課程企画特別部会　論点整理　補足資料(3)平成27年8月26日参照）

(1)　算数・数学を学習する楽しさ、学習する意義の実感
(2)　社会生活のなどの様々な場面での数学的活用力

　算数・数学は工夫次第で「できる・わかる・楽しい」が実感しやすい教科です。「できる・わかる・楽しい」ことの実感は、数量的な処理ができることに加えて、数学的思考の面白さを味わわせることが求められます。上記の(2)では社会生活での活用を求めていますが、それに結びつけるためにも算数・数学の数や量の図形の世界の面白さや楽しさに気づかせる授業が求められます。

　そのためには、子どものわかる筋道に寄り添うことです。子どもに数量や図形をどうイメージさせ、どう言葉や道具で伝えるかについて想像力を働かせて授業をつくることが求められます。

楽しい算数の授業にする工夫

　4年生の「図形の面積」を基に楽しい算数の授業にする工夫について考えてみましょう。三角形の面積の求め方を学習したばかりの子どもたちは、台形の面積の求め方に抵抗感じますが、三角形の面積が実は長方形の面積の半分だったという前の時間の気づきをこの授業で引き出すことがヒントになります。

　授業の冒頭で三角形の面積をどのように求めたのかについて言葉で振り返ることも工夫の一つとして考えられます。台形を対角線から半分にすると二つの三角形になることに気づけば、見通しが持てます。

　それを基に①個別（個人）でしっかり考えた後に、②グループで考え、③学級で練り上げてまとめるという筋道を授業で作れると良いです。

　日常的な集団を生かした学習と継続的な個別指導の積み重ねが子どもたちの学習意欲を支え、自ら学ぶ学習方法の習得につながります。

指導案をつくるポイント

　この指導案の特徴は、グループ活動を行うことです。その意図は、子どもたちが自分の考えに自信を持ち、表現できることをねらっています。面積の授業は、本来子どもたちの多様な考えが出やすいところです。学習が終わったあとに、いろんな考えがあっていいんだ、と子どもたちが思う単元です。

　しかし、そこにたどり着くために、自信のない子どもたちを励ます工夫が必要です。そこで、グループ活動を使いました。しかし、ここではあなたの考えは、まちがっていないよ、と伝われば、ほかの人と仕方が違っても、発言できるはずです。そこで、同じ考えのグループを作ることや最後は個人で考えをまとめることを意図しています。　　　（白尾）

STEP 4 指導案をつくってみよう

	学習活動	留意点・評価等
導入	学習のめあて 　台形の面積の求め方を考えよう。 予想 　どうしたら求められると思いますか？	台形を見せる。 　台形を見せてあっさり「めあて」に入る。 軽く尋ねる程度にして、個別の考えをノートに書かせる。
展開	個別の考えがまとまったところからグループ学習に入る。 それぞれのやり方を交流して、グループで一番おすすめのやり方をまとめてください。 グループ毎に発表する。　理由も発表させる。 発表を聞いて、どれが一番よいと思いますか？ 今のグループを離れてもいいですから、自分がお勧めのグループに移動します。そして「一番よい理由」をグループで考えて発表してください。  公式に最も当てはまりやすいのはどのグループの考え方ですか？	ペア⇒4人グループ　ホワイトボードにまとめさせる。 求積方法の根拠を明確にする。教師は明らかな誤りについてはグループ指導で修正する。 評価1：既習事項を使い、根拠を示して表現できたか。 考え方が異なることを大事にする。 台形の面積の公式は、(上底＋下底)×高さ÷2です。どうしてこうなるかグループの考えから説明しましょう。 各発表は正しいので必ず当てはまる。 図を移動させ、視覚的にわかるようにする。 式に合わせて図解して、(上底＋下底)によって台形を三角形にしたことに気づかせ、(上底＋下底)は三角形の底辺になることにも気づかせる。
終末	学習のまとめ（振り返り） 練習問題をする。	評価2：公式を使って台形の面積を求めることができたか。 チャイムで必ず終わる。 感想によるまとめではなく、習熟によるまとめ。

5 小学校社会の指導案　沖縄を取り上げよう！

Question

沖縄に住んでいて
沖縄のことを
教えているかな
だけど
どんなふうに？

 STEP 1　社会の指導案、テーマはなぞとき

　社会科を苦手とする教師は多いようです。教科書をどう進めるかだけでも苦労するから、授業もどうしてもノリがよくない。社会科を「世の中の人、もの（生産物）、こと（事実・出来事等）からその向こうに見える人々の関係について、問いをもち、予想し、調べ、考え、表現して教科」ととらえてみてはどうでしょうか。そうすると教科書の資料の向こう側にどんな人・もの・ことの関係が見えるかという視点で授業づくりがはじまります。ここでは1609年の薩摩の琉球侵攻を取り上げますが、その事実から発想してほしいことは、「薩摩はなぜ琉球に攻めて来たのか？」ということです。少し教材研究をすると当時の薩摩と江戸幕府との関係や朝鮮出兵のことが関連していることがわかります。こうした「謎解き」を授業づくりの基本にすることが大事です。

地域を知る社会の授業に

　文科省は次のようなイメージを示しています。（平成28年5月26日　教育課程部会　社会・地理歴史・公民ワーキンググループ　資料8、文部科学省）

　小学校では「位置や空間的な広がり」、「時期や時間の経過」、「事象や人々の相互関係」に着目して社会的事象を見出すこと、「事象を比較・分類したり総合したり」すること、「国民（人々の）生活と関連付け」ることを提案しています。

　このようなことを頭の片隅に入れながら、沖縄での授業づくりを私は考えました。それは、地域の歴史と日本の歴史をつなぐことです。沖縄にいて、子どもからすれば遠く離れた東京のことを学習してもなかなか実感がわきません。沖縄に住んでいるのに、沖縄の土地のことや歴史が出てこないのでは、本当の意味で歴史とつながり、ふるさとを愛する子どもにはなりません。楽しい授業にする工夫は、ふるさとを学ぶことです。

　ここでは1609年の薩摩の琉球侵攻の教材化を通して提案します。

　前掲の社会的な見方・考え方から考えると「時期や時間の経過」を中心に「位置や空間的な広がり」（地図）を加えて資料として取り入れて、発問によって「事象や人々の相互関係」に着目しながら考える授業です。朝鮮出兵から鎖国の完成へ向かうという「時期」に着目させ、そこから琉球と薩摩、江戸幕府という「事象や人々の相互関係」につながる筋道です。薩摩の琉球侵攻は江戸幕府の許可に基づくものですが、薩摩も琉球との関係強化（支配）をねらっていました。当時の重要な輸入品は中国産の生糸でしたが、朝鮮出兵後で、中国から直接の輸入ではなく、ポルトガル船による東南アジアでの中継によって輸入されていました。中国との正式な国交が回復しない中で、鎖国に向かいながらも生糸を獲得しようとした江戸幕府の思惑なども「事象や人々の相互関係」の観点から取り入れたものです。

STEP 3　地域教材を活用する指導案をつくろう

	主な学習活動	留意点・評価等
導入5分	○朝鮮出兵、南蛮貿易、鎖国の流れを確認する。 江戸時代の初めに日本にとても必要なものがあった何だと思いますか？ 【学習のめあて】　➡　生糸 徳川家康（幕府）は中国と貿易するためにどんな方法をとったのだろうか？ ○「めあて」に対する予想を立てる。（個別の予想）	◎貿易（生糸）の必要性に気づかせる。※生糸＝中国産 ◎中国産生糸が必要な中で中国と国交がないことを確認させる。 ※語句の説明「生糸」 ◎蚕⇒生糸⇒機織り⇒着物
展開35分	⇒地図をヒントにグループで考える。 どうしたら中国と貿易できるか？ ○朝鮮とは戦争したばかり。薩摩を使って、琉球を通して中国と貿易する。 ○薩摩が琉球侵攻願い出て江戸幕府は許可した。 どうなったと思いますか？ ○琉球王国が負けた。 薩摩軍が今帰仁に上陸したのが1609年3月25日。琉球王国が降伏したのは、いつだと思いますか？　①1609年4月1日　②1609年7月1日　③1609年9月1日 【説明】薩摩軍約3000人は二手に分かれて、今帰仁城を攻め落として、読谷から陸上部隊と那覇港から海上部隊が、首里城を目指した。途中で浦添城を焼き払って首里城へ向かった。琉球王国軍も約3000人いたが、大半を那覇港に集中させていた。那覇港では薩摩軍の侵入を一時的に食い止めたが、陸路の薩摩軍が近づいたために首里城の守りに移った。そして薩摩軍の鉄砲攻撃で多くの死者を出して降伏した。　※琉球王国軍約3000人は説として扱う。 薩摩が勝って琉球王国をどうしたと思いますか？ ⇒グループで話し合い、考えをまとめて発表する。 ①与論島以北の奄美5島が薩摩の領地になった。 ②尚寧王は江戸に連れて行かれて、将軍に会った。 薩摩が琉球を全て支配すればいいのに、なぜそうしなかったのだろうか？ （「尚寧王がまた王様でいられたのはなぜか？」） ⇒グループで話し合い、考えをまとめて発表する。	◎個別の予想を基にグループで考える。※中国の朝貢国しか貿易できず、日本は朝貢国ではなかった。 ◎朝鮮出兵の後という事実（戦争後）と地図を有効に使う。 ◎侵攻主体は薩摩であることの確認 ◎1609年を確認する。 ◎沖縄本島地図の掲示 ◎琉球を支配しなかったことを確認させる。 ◎奄美大島・喜界島・徳之島・沖永良部島・与論島 ◎琉球王国を残すことで中国との関係を悪くさせない意図 ◎尚寧王の扱いに注意させる。
終末5分	【学習のまとめ】 徳川家康は「　　」と思って、ニンマリした。 「　　」に入る文章を書きましょう。	◎学習のめあてを確認させた上で、知識の再構成による学習のまとめをさせる。

社会は資料が大切。
オリジナルの資料をつくろう！

◆この指導案は、江戸時代の徳川幕府と沖縄の関係を知ってほしくて考えました。資料は、その時代をしらべまとめました。子どもたちは自分のふるさとがテーマなので集中します。推理形式で資料をもとに想像し、グループで話し合う時間をとりました。教科書では、簡単にしか触れていないところですが、子どもたちには、自分の住んでいる土地の歴史を知り、昔の人と自分をつないで、ものごとを考えることの大切さを伝えたいです。

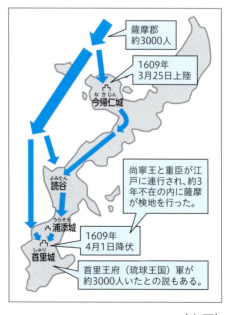

（白尾）

6 小学校道徳の指導案　考え、議論する道徳

Question?

この島にうまれ
この島にいきる
うちなんちゅの
道徳
何が大事なの？

STEP 1　道徳の授業に求められるもの

　道徳の時間の課題として挙げられるのは、次の3点で、「『考え、議論する』道徳科へ質的に転換」が求められています。（※文部科学省、教育課程企画特別部会　論点整理　補足資料（3）平成27年8月26日参照）

(1) 「道徳の時間」は、各教科等に比べて軽視されがち
(2) 読み物の登場人物の心情理解のみに偏った形式的な授業
(3) 児童生徒に望ましいと思われるわかりきったことを言わせたり、書かせたりする授業

子どもたちが話し合い、議論し価値をつくることを重要視しています。

資料の提示、2つの仕方&評価

■**資料の全面提示**

　最初から資料のすべてを示す方法です。これは通常の国語での物語文の提示の仕方と基本的に同じです。上記の課題の⑵で示された「読み物の登場人物の心情理解のみに偏った形式的な授業」にならないことが大事です。国語と道徳の物語資料の使い方で根本的に異なるところは、資料を変えて考えることができるかどうかです。国語の物語文で話を変えて学習すれば、物語の主題や価値に迫ることが難しくなります。それに対して、道徳資料はあくまで資料であって、そこに登場する人物の選択や行動について、資料とは別のものを想定して授業をすることができます。ここに道徳的価値選択の葛藤を考える場が広がります。

■**資料の部分提示**

　資料を順番に少しずつ読み込んでいくように示す方法です。「一読総合法」という児童言語研究会が提唱した授業方法の活用です。子どもは読んだところまでしか話がわからないので、次の場面の登場人物の行動等について、どうすべきか考えることが可能で、そこでの思考場面で道徳的価値の追究ができます。

　次に取るべき行動について資料を読む前に考えること、また資料の話の結果としての行動について考えることで、道徳的価値に多様に接近できます。

■**評価**

　「道徳ノート」を準備して、授業に対する自分やグループの考えを書くようにします。ポートフォリオ的な評価として、活用することができます。

　道徳は、学校の教育活動全体を通じて行う道徳教育とされ全体計画に基づいて各教科、外国語活動、総合的な学習の時間及び特別活動との関連を考慮しながら、道徳科の年間指導計画を作成するように求められています。いろんな場を通して、子どもたちのアイデンティティ（自分づくり）を進めましょう。そしてそのことを認めていきましょう。

道徳の授業、基本的な流し方

道徳の学習指導案です。著作権が関わるので、特定の教材ではなく、方法を示します。資料の全面提示を想定しています。

	学習活動	留意点・評価等
導入	資料を読む。 感想を発表してください。	道徳の場合は、内容によってはめあてが導入段階で必要なこともあるが、展開や終末に近い段階でめあてや中心となる発問を準備することもある。
展開	展開に従って読む。 物語資料は登場人物の行動が道徳的価値に関わるので、どんな自分であるのか、人物像を明らかにする発問をする。発問の基準は、道徳的価値に関わるかどうかであり、気持ちばかりを発問しない。気持ちを問う場合でも、気持ちの根拠を登場人物の行動や言葉から明らかにする。 道徳的価値に関わる場面 ○○をしたAに対して、どう思いますか？ Aはなぜ、○○をしてしまったのだろうか？ BがAに対して、「△□」と言ったのはなぜだろうか？ BはAに対して、何と言えばよかったのか？	①登場人物から距離を置いた見方をさせる。この時点で登場人物へ近づこうとする発言を議論に活用する。 ②AやBの立場に近づいて人物の心情に迫る発問。 議論 人物への①の突き放した見方から②の近づいた見方を通して、自分に引き寄せてBやAの立場で考える。
終末	学習のまとめ（振り返り） Aに短い手紙を書いて下さい。何と書きますか？ まとめで、資料と切り離して自分の生活を振り返ることもよいが、それ以前の議論の中で自分たちの生活感覚からの発想を引き出せるとよい。	この発問によって、学習のまとめをする。感想によるまとめではなく、思考によるまとめ。 手紙に子どもの道徳的価値が表現される。 個別に考えを書いてからグループで話し合わせた上で発表させる。 チャイムで必ず終わる。

価値の葛藤をうむ

■教材の選び方

　各学校の年間指導計画に基づいて徳目に合わせて、①道徳の副読本、②文部科学省の読み物資料集、③独自の教材、これら三つから教材の選択が可能です。

　教材選択の仕方は育てたい道徳的な価値に対して、子どもの実態により近い話題を提供しているもの、実態と関係なく考えるべき道徳的な価値があることが中心になります。またいろいろ価値が分かれるように価値葛藤が想定できることも重要な視点です。

■道徳的な価値に迫る「問い」をどうつくるか

　人物の行動について思い、賛成や反対、その他の選択はなかったなど行動そのものへの問いが中心になりますが、指導案にも示したように自分とは異なる考えをもつ友達の考え方を説明することも有効な方法です。

■道徳の授業の終わり方

　授業で取り上げた道徳的価値に関わる教師や友達の経験談の他に授業を通した感想を表現することが一般的ですが、道徳的価値に対する討論をオープンエンドで終わる方法、道徳的価値をより自分に引き付けるために、指導案で示したように登場人物への手紙を書くことも有効です。登場人物へ迫り、子ども自身の道徳的な価値として自分ならどうするということにもつながります。

■道徳と学校の日常生活をつなぐ

　道徳では実践的な態度が求められます。しかし、それをあからさまに求めると先生や他者の顔色を伺いながら「良いこと」をすることにつながりかねません。大事なことは、そうした意識が働かない学校の日常生活の中での子どもたちの行動や言動の良い面を取り上げ、朝や帰りの会、学活等で話題にしたり、道徳の授業で積極的に取り上げたりすることです。そうすることで道徳的な規範意識を意識できて、高めていけるようになります。

（白尾）

7 中学校国語指導案　興味がわく

Question?

国語なんて
きらーい
そんな生徒が
興味がわく
授業がしたいなあ

STEP 1　国語の指導案作成のポイント

　国語の授業で、古典は苦手という人、結構多いのではないでしょうか。古典と国語は「別物」とか「違う言葉」なんて思っているのかもしれません。でも、言葉は時代とともに変わっていくものなので、昔に言葉があったから、今の言葉がある。つまり、古典があってこそ、国語があるのではないでしょうか。

　古典は、社会科風に言うと「国語の歴史」のようなものです。

　こう考えると、国語を勉強する上で、古典は、絶対に欠かせないものだと思います。古典を勉強することは、今の国語をより豊かにしてくれるのです。特に日本語の「奥深さ」や「美しさ」などを教えてくれるのではないでしょうか。

　そうなると、古典での先生の「語り」は、やっぱり大切です。子どもたちを引きつける語りも工夫しましょう。

興味がわく、指導案をつくってみよう

	学習活動	主な発問・指示 予想される生徒の反応	留意点　※評価基準
導入5分	○前時の復習を行う。 （ワークシート）	○本時の目標を板書する。 現代版「おくのほそ道」を創る ○キーワードを板書する （風景　引用　反応）　古典と自分をつなごう！	○全員で目標を音読し、確認する。
展開40分	○松尾芭蕉はなぜ死を覚悟してまで旅に出たのかを考える。 ○各自の俳句で、現代版「おくのほそ道」を創る。 ○ペアで互いの作品を読み合い、良い点を指摘し合う。 ○作品を読む。	○芭蕉の思いを板書する。 （悲しさ　寂しさ） ここで興味が湧くはず！ みんなの俳句で、現代版「おくのほそ道」をつくろう。 ○「おくのほそ道」の構成について板書する。 どこかでペア活動を入れよう。 ペアで、お互いの作品を読み合って、良いところを書き込もう。 ①風景②引用③反応について、具体的にどの部分が、どのように良かったのかを書くよう指示する。 （〜という表現がよい。引用がぴったり。内容がとてもわかりやすい。） ○発表する生徒を指名する。	○直接的な表現ではなく感情を描いている事を確認し、作品に活かすように指示する。 ○机間指導でできていない生徒へ対応。 ※意欲的に取り組んでいる。【関・意・態】 （観察、ワークシート） ○構成や表現方法などの観点を指示する。 ※相手の作品をしっかり評価し、自分の表現の参考にする。 【書く】（観察） ●中学校でも、授業のどこかでペアやグループ、書く活動などを取り入れ変化をつける!! ○工夫した点についても発表させる。
まとめ5分	○振り返りを行う。	今日の授業を通して、古典に関して考えたことを書きましょう。 （昔の人も、今の人と同じ気持ちなんだと思った。芭蕉のすごさが分かった。古典から学ぶのもがあると実感した。）	○創作の時に、既にしっかり書けている生徒を指名し、発表させる。

古典と自分を結びつける

　この指導案についてですが、指導案を考えた人の意図、個性が出ていると思いませんか。

■指導案のいいところ

　この指導案には、「主な発問、予想される生徒の反応」があるのがいいです。これを考えることは、とても有効です。指導案は書かなくても、授業前には、いつもそのことを意識するといいと思います。これで、発問を意識し、生徒の反応が予想どおりだったか、そうではなかったのか。違ったとしたらなぜか、などを振り返ることになります。また、作品をつくった後にペア学習で良い点を指摘し合っているのもいいですね。中学でも、高校でも人との関わりを増やし、そのことが友だちの考えや自分のよかったところを知ることになり、喜びを感じることで、更に興味が深まっていくはずです。

■授業の改善点

　改善点としては、展開で2つの活動（書くと発表する）があるので、時間を分けて展開部分を2つに区切った方がよいでしょう。そうすることで授業の節が明確になります。また、作品が早くできた生徒への対応・指示がないので、こういった対応も予想し、幾つか書かせるか、次に感想へうつるのか、工夫が必要だと思います。

　この題材は、生徒が「古典に楽しめる」授業をねらいとしています。「奥の細道」を通して「古典」に示される考え方や表現、構成などを感じてもらうように、展開を考えています。よくある創作の授業ですが、生徒自身の思いや考えを表現することを通して、古典に見られる視点や表現の工夫が今のわたしたちと同じであることを実感させる活動を図ったものです。（多和田）

【まとめ】できない子への対応が予想できている指導案がいい。その分、授業のイメージが鮮明になります。違う言葉で見通しといいます。

8 中学校数学の指導案　わかりたくなる

Question

いよいよ中学校数学の指導案の書き方教えてください

STEP 1　数学の指導案作成のポイント

　数学の授業でよく見られるのは、まず先生が説明しながら公式を証明して、次にその公式を使った例題を先生が解いて見せて、最後に演習問題を生徒に解かせる。みなさんもそんな経験ありませんか？

　でも毎回そんな調子では飽きてきますし、苦手意識を取り除けません。数学は生徒の集中力を持続させるのが、特に難しい教科です。生徒の活動を上手く取り入れた活気のある授業を工夫してみませんか？　ではその工夫とは、

- ●小学校のやさしい、なつかしい計算や問題からスタートする
- ●生活や暮らしに関係する数学の問題をとりあげる
- ●クイズ番組的にスタートして、できてもできなくてもいい

　こうやって苦手意識を減らし、ハードルを低くしてたまに授業に関係のないムダ話をするのも効果があります。

やる気になる指導案をつくってみよう

	学習内容と活動 （○教師の活動 ◆生徒の活動）	指導上の留意点	評価
導入 5分	○板書で前回の授業の確認をする ◆前回やったことをおぼえていない	◆説明が長くなり、生徒が授業に集中できなくなることを避けるため、簡単にまとめて板書する。	
展開 35分	○本時の目標を確認する。 「1次関数における表・式・グラフの特徴を調べる。」 ○① a>0 のとき② a<0 のときの2パターンに分け、それぞれについてy=ax+bのグラフの違い(特徴)を理解する。 ◆なぜ2パターンに分けるのかがわからない。 ○y=ax+b の切片と傾きを配布したプリントの問題を解かせて発表させる。 ◆導入で確認した事なので、切片と傾きについて理解できた。 **できない生徒への対応** ○1次関数において、表・式・グラフの例を板書する。 ○3〜4名のグループを作り、グループで特徴を吟味し、考えるように指示する。 ○グループ単位でそれぞれの特徴を説明してもらう。 ◆表・式・グラフは特徴を説明する	◆板書時のグラフの書き方 の様に正と負を意識させ、aの正負の違いがグラフを2パターンに分ける事確認する。 ◆黒板に問題を板書し生徒に挙手させる。 ◆挙手した生徒に問題を解かせ、発表させる。 ◆机間指導を行い、問題が解けていない生徒を支援する。 ◆表・式・グラフの特徴を考える時、答えをすぐ見ないように教科書は閉じさせ、板書したもので考えさせる。 ◆生徒の声を拾い確認しながらまとめていく。	○観察 ○発表
まとめ 10分	○学習内容をまとめ確認する。 ○次回予告をする。	◆生徒の声を拾いながら確認し、学習内容をまとめる。	

STEP 3　できない生徒への対応を準備する

　この指導案について皆さんはどう思いましたか？

　わかりやすく指導案を書こうとしている気持ちが伝わります。いいところと改善点に分けて検討してみましょう。

■ **指導案のいいところ**

　指導上の留意点が、よく考えられていると思います。指導上の留意点とは、困っている子どもや生徒がいたら、どう対応するか、を書くところです。指導案とは、教える側の予定であり計画です。しかし、相手は生徒、思い通りにはいきません。まして中学や高校ではやる気をなくしていたり、できなかったりします。そういうことに備え、どんなことが起きるのか、予想し準備するところがこの欄です。量的にもたくさん書かれていて、よくできています。

　もうひとつ、生徒の活動において、グループを使っています。学習活動では、変化をつけグループを使い、しっかりと吟味させることは重要なことです。個人で考えるばかりでは、小学校と同じで、できない生徒が意欲を失います。学年が上がっている分だけ、残念ですが学力差が広がっています。それを補うのは、教え合いと励まし合いです。

■ **指導案の改善点**

　数学は、特に予想される誤答例や理解が不十分な子どもたちへの対応が不可欠です。予想までは出来ています。けれども、できない生徒がいたら、どのように指導するのか。あるいは間違えた答えを書いている生徒がいたら、どう導くのか。その点について触れましょう。それは、あなたにとって必要なことです。できれば、二段構えの指導だと備えは十分です。

（多和田）

> 【まとめ】できない子への対応が予想できている指導案がいい。その分、授業のイメージが鮮明になります。違う言葉で見通しといいます。

9 中学校英語の指導案　活動いっぱい

Question

歌と踊り
わいわい
元気な英語の授業
どうしたら
できますか

STEP 1　英語の指導案作成のポイント

　英語の授業で洋楽を聴いて、その歌詞を訳する授業ってよくあります。でもみんなで歌う授業って、あまり見たことないんじゃないですか？
　言葉は喋って覚えるもの、教室がうるさくなるくらい子どもたちの声が飛び交うことが、英語の楽しい授業だと思います。英語は以前から、おぼえる授業からアクティブラーニングで言われるような主体的な活動を取り入れた授業になっています。その活動とは、
- 英語の歌を取り入れている
- 英語を使ったゲーム的要素がある
- 踊りやリズムのある体験的学習活動がある

　こういった場面を学習に取り入れ、その活動内容や方法を生徒の反応を見ながら修正するとあなたの英語の授業ができあがります。

楽しい、やる気になる指導案をつくろう

	指導過程	教師の活動	生徒の活動	評価・観点	留意点
導入 15分	Greeting Warm-up (3分)	Good morning, everyone. How are you today? What day is today? What date is it today? How is the weather?	Good morning, Ms. Yamashiro. I'm fine, thank you. It's Tuesday. It's June 14th. It's sunny/cloudy/rainy/fine.	（コ）積極的に英語で発話を行っているか。【観察】	間延びさせず、テンポよく行う。
	Review (12分)	（電子黒板に提示）前回行った [What is this?/What is that?] と、教科書本文内容の復習をさせる。 新出単語をフラッシュメモリー式に提示する。 黒板に、[What is ~?] に関する事項を提示する。	教科書 P31 復唱、内容確認。 ノートブック P22 新出単語をまとめる。 ノートブック P23 に板書する。		前にあるアクティビティに時間をたくさん使えるよう、今は集中して話を聞き、問題に取り組むように口頭で伝える。 板書時間短縮のため、予め画用紙にまとめられた事項を提示する。
展開 25分	Today's Goal Game アクティビティ『博物館見学』	Today's Goal を提示する。 ハンドアウトを配布・アクティビティの準備をする。 アクティビティのルール説明をする。 アクティビティを開始させる。	本時の目標を理解する。 自分の名前・パートナーの名前を記入する。 アクティビティに参加する。	（表）（理）既習事項を用いて、積極的に英語を発話しているか。【観察】 （コ）既習事項を用いて、ペア相手とコミュニケーションをとることができるか。【観察】	T2の協力を得、手早く配布・準備を終える。 注意散漫になり、活動の主旨がずれてしまわないよう、机間巡視中に生徒のやりとりを観察、必要に応じて支援する。
	Today's Challenge	アクティビティで行ったやり取りを、クラスに向けて発表をしてくれる挑戦者を募る。 発表者の発話内容を確認、クラス全体で復唱させる。	挙手し、指名されたペアはクラスの前で、アクティビティで行ったやり取りを発表する。 発表者の発話内容を復唱する。	（コ）（表）積極的に前へ出ようとしているか。【観察】	指名、指示をテンポよく行う。
まとめ 10分	Notebook	ノートブック P22 大問 2、P23 大問 2 を解かせる。	ノートブック P22 大問 2、P23 大問 2 を解く。		アクティビティの進度に合わせて、授業内でふれる量を調整する。

> ゲームだけでなく復習も必要です。

> ゲーム的なアクティビティをたくさん取り入れよう。

アクティビティを通して

この指導案についてどう思いましたか?
一緒に見てみましょう。まず、英語なので、楽しく体を動かす、歌などの活動があるか、こういったところに目を付けます。

■指導案のいいところ

教室を博物館に見立てて、活動している、教室を広く活用して活動を取り入れているところは面白いです。学習内容を、アクティビティを通してしっかりと修得させようとしている意図が伺えます。

その意図に沿って、生徒たちが楽しそうに、伸び伸びと活動している様子が想像できます。ただおぼえるのではなく、こういった活動を通して記憶にのこる授業にしているところが何よりいいです。

それは、生徒にまず楽しい、自分もできそうだという興味を抱かせることからスタートしようと言いたいからです。おもしろさが内容を深めてくれます。

■指導案の改善点

活動を入れていればその分、子どもたちの動く様子（動き方）が必要です。活動するための動き、指示をもう少し詳しく実際の活動がわかるように、子どもにどんな言葉かけをして、動かすのか。その手順が、明確に書かれていると、授業者にとっても具体的でいいはずです。「教科書 P31」などと書くのではなく、概略でもいいので内容がわかるように書いてください。それは、指導案は自分だけのものではなく参観する人にどのように授業を計画しているのか、理解してもらうものだからです。

（多和田）

【まとめ】たのしいアクティビティを授業に取り入れよう。けれど、そのためにはどんな言葉を生徒にかけ、活動に参加してもらうのか、具体的に明記しよう。それが、授業を行うあなたにとっても助かるはず。まず、イメージトレーニングです。

10 中学校理科の指導案　科学的な見方をきたえる

Question?

中学校の理科
もっとも楽しく
学ぶ意欲を
育てたい
さてどうしたら？

STEP 1　理科の指導案作成のポイント

　理科の授業で印象に残っていること、それは、ほとんどの生徒たちが実験や観察をしたことだと答えるでしょう。実験や観察の授業は、いつも活気があり楽しそうです。でも、その実験の細かな内容や重要な部分・本質はどの程度覚えているでしょうか。

　何かを体験するということは、生徒たちにとって、とても重要な事です。その体験は、なかなか忘れません。そして、そこに驚きがあるとなると、おそらく一生覚えています。

　実験や観察に、「何でこうなるのか？」「何のためにこれをやるのか？」などの問題意識や目的意識をもたせて、最後に重要な部分はしっかりと振り返ることを心がければ生徒はもう科学者気分です。授業の形はできあがりです。そこに、予想→実験→まとめの流れを入れ、さらによりインパクトのある展開を工夫してはどうでしょうか。

意外性のある指導案をつくってみよう

	生徒の活動	教師の活動・支援	形態	準備・備考	評価
導入5分	○花が咲き、種子が出来る植物の仲間を種子植物であることを思い出す。	○花が咲き、種子が出来る植物の仲間を種子植物であると確認し、今回は種子植物を仲間分けしていくことを伝える。	一斉	教師の活動が細かく書かれている。	
展開Ⅰ 10分	○配布されたワークシートに自分なりの仲間分けを書く。 **まず予想、自分の考え。** ○黒板上で植物の写真を仲間分けし、どのように仲間分けしたか発表する。 **次に発表する。**	○ワークシートを配布し、植物の仲間分けワークの説明を行う。（自分なりの仲間分けをするよう促す。）例を提示して仲間分けをイメージさせる。 ○うまく仲間分けが出来ていない班には「葉の色は？」「葉脈の様子は？」と発問し、個別に支援する。 ○生徒にどのように仲間分けしたかを黒板で発表させる。	小集団 一斉	ワークシート 植物の写真 **ワークシートも役に立ちます。**	【意欲・関心・態度】
展開Ⅱ 25分	○めあてをノートに書き写す。 **種子植物のからだと花弁のつくりの特徴に注目して分類しよう。** ○花が咲き、種子が出来る植物の仲間のことを種子植物ということを思い出す。 ○種子は胚珠が変化したもので、胚珠が子房に包まれているものを被子植物、包まれていないものを裸子植物ということを思い出す。 ○仕様の違いが分類する視点になることを知る。 ○ノートに写す。 ○花弁がくっついているかどうかが、分類の視点になることを知る。 **考えを聞き合う。**	植物のからだのつくりの特徴に基づいても分類できることを伝える。 ○めあてを板書する。 ○植物には種子をつくるものと作らないものに分かれる事を確認する。枝分かれ図を書き分類をイメージさせる。 ○種子は胚珠が変化したものであり、胚珠が子房に包まれているかどうかで裸子植物と被子植物に分けられることを確認する。 ○発芽したときの子葉の数の違いに注目し、双子葉類と単子葉類に分けられることを伝える。 ○双子葉類と単子葉類の根・茎・葉の特徴を表にまとめ、板書する。 ○花弁がくっついているかどうかが分類の視点になって、合弁花類と離弁花類に分かれることを板書する。	一斉 一斉 一斉	**ここで「めあて」を提示する。** **観点や手だてがほしい。** **たとえば、自分なりの表現で枝分かれ図を書けているか、などの視点。**	
まとめ10分	○種子植物の分類する視点を確認する。 **最後にまとめる。**	○初めにグループ分けした植物を枝分かれ図で分類する。 ○種子植物は、胚珠、子葉、花弁のつくりに注目することで分類することが出来ることをまとめる。 ○次回は種子をつくらない植物について学習すると予告する。	一斉 一斉		【知識・理解】

STEP 3 授業の流れがイメージしやすい

　理科の目標は、科学的に探求する能力の基礎と態度を育てるとともに自然の物事・現象についての理解を深め、科学的な見方や考えを養うことです。また、実験や観察がある理科の授業は、問題解決学習に最適なのではないでしょうか。

■指導案のよいところ

　ひとつひとつの学習活動が明確で、授業がイメージしやすいです。それだけ生徒の活動が、何をするのか明確だということです。
　1思い出す　2ワークシート　3問いについて考える　4まとめ
と、流れがはっきりしています。また、「教師の活動・支援」が細かく書かれています。これで、教師の動きが明確で授業の流れがよくわかります。

■指導案の改善点

　評価の欄を見てください。少し淋しい気がします。評価の観点や手立てが、もう少しあるとよいです。評価の観点とはどういうことで評価するか、その手立てなどを書く欄です。あなたが指導したら、こうなるはず、これができるはずだという到達点を書いてください。そういう意味では、授業者に責任が生まれます。

　理科の授業というのは、実験があり、生徒たちはそれだけで興味を持ちます。しかし、実は結果から「なぜ、こうなったと思いますか」と問われることで、もう一段深い学びへ誘われます。なぜ、と考えると世の中がもっと楽しくなる。見えなかったことが見えてくる教科です。

(多和田)

【まとめ】理科の進歩は世の中の進歩。生徒たちに、生徒たち自身の可能性と世界の発展のために必要な教科であることを伝えたい。

11 高校の農業指導案　グループ活動

Question?

高校の授業
それも農業です
どうしたら
学ぶ気に
生徒がなりますか

STEP 1　農業の指導案作成のポイント

　農業といっても、詳しい内容はあまり知らないと思います。例えば、一般的な、野菜などの農作物や畜産以外にも、果樹、草花、農業経営、農協機械、食品製造、食品化学、微生物利用、バイオテクノロジー、食品流通、林業、造園はじめ、まだまだたくさんのことを学びます。

　全てが、私たちの生活に大きく結びついています。しかも、沖縄県には、農業関係の高校が多く、男女を問わず進学しています。なかには、自分の家が農業をしているので、あとを継ぐ生徒もいます。また、自分には関係ないと思っている人もたくさんいると思いますが、食品関係のことや環境については、本当ならみんなが知っておいた方がいいものばかりです。身近な食べ物や日常生活から導入して、関係ないと思っていたことが実は関係あった、意外性のある授業を展開することが、多くの生徒を授業にまき込み、いつかは賢い消費者に、そんな願いを込めて計画しましょう。

体験から始める意外性のある指導案

指導項目	時間配分	指導内容	生徒の行動	考慮する点	評価の観点
・号令 ・前回の復習 ・本時の目標確認 ・身近な園芸について	導入 10分	①前回勉強した園芸という単語やその種類について復習。 ②本時の目標を黒板に書く。	①ワークシートに記入。 ②本時の目標を理解する。	ワークシートに記入しているか確認する。	関心・意欲・態度
		グループワークⅠ ①自分が今まで体験してきた園芸についてワークシートに記入してもらう。 ②グループで紹介させ、見回る。 ③自発的に発表を求めた後に、いなかったら指名する。 ④黒板に発表で挙げられたことを書く。	①自分が体験した園芸についてワークシートに記入する。 ②司会を決めた後に、グループ内で紹介し合う。 ③発表する。	話し合いに参加しているか見回る。【グループワークがいい。】	関心・意欲・態度
園芸がもたらす5つの効果 人間の欲求・成長と園芸のはたらき	展開 30分	グループワークⅡ ①○×クイズの問題を提示する。 ②答えを言い、補足説明をする。 ③黒板に園芸の効果を5つ書き、ワークシートに記入してもらう。	グループでクイズの答えを考え、代表の人が○か×の札を上げる。 板書をプリントに写す。【クイズ的なので参加しやすい。】【静かにシートにまとめる変化がいい。】	テストに出すので書き逃さないように勧告する。	技能・思考・判断 関心・意欲・態度
		①ガーデニングによる創造活動とその個人的側面、社会的側面についての表を埋めてもらう。 ②その後発表してもらう。	①グループで相談しながら、表に書き込んでいく。 ②発表する。	話し合いに参加しているか見回る。	技能・思考・判断 関心・意欲・態度
	まとめ 10分	①園芸とその効果を分類してもらう。 ②その後発表してもらい、答え合わせをする。	①園芸とその効果を分類する。 ②発表する。 ○付けをする。		知識・理解
		ミニテスト用紙を配る。	ミニテストをする。 ワークシートは見てもよいが、教科書は見てはいけない。	【ここでミニテストとは!】	

STEP 3　グループ活動を取り入れよう

　農業の授業はどうでしょうか。楽しそうですか。農業関係のことを学ぶ生徒たちの多くは、座学が苦手な人が多いです。授業が成り立つかどうか、そこから始まります。そういう視点で授業を見ていきます。

■指導案の良いところ
　指導項目があるというのが特徴です。おかげで授業の流れがイメージしやすいです。このことは、ただ大事だというのではなく、授業の展開がシンプルでわかりやすいということです。このシンプルさは、学んでいる方にとっても、流れがわかりやすいという利点があります。それは、教師と生徒で共同で授業をしているからです。また生徒の活動（グループワーク）をふんだんに取り入れているところが特徴です。どうしたら生徒のやる気を引き出せるのか、考えた結果の選択だと思います。ここでも、生徒の興味を授業の内容だけでなく、学習活動に変化をつけることで持続させることができます。

■指導案の改善点
　生徒が何を目標に、どんな活動をするのか、具体的に指導案に位置づけてほしいです。活動が中心の場合、楽しいけれど何が目的か、おろそかになります。なんのためにという目的を忘れがちです。そのためにまとめをあらかじめ紙に書いて用意し、最後に掲示することも有効です。

（多和田）

【まとめ】活動が多いと、内容がおろそかになりがち。そこで、まとめを紙に書いて用意しておこう。

オープンスペースを使いこなそう
日本中、こんな校舎だと思ってない？

　いろんな学校へ授業を見に行っています。沖縄の学校は、日本のどこの学校よりも立派です。教室が広いです。オープンスペースに木のベンチがつくりつけられていて感動します。では、他県の学校は、どんな建て方をしているのでしょうか。

　まずぼくが、一番長くいた大分。南側がグランドで、カステラのように教室が分けられ、廊下と教室の間は、窓で仕切られています。オープンスペースの教室は、あまり見かけません。建物の素材も木を使っているところは珍しいです。建築費が高いからです。

　次は北海道です。北海道といっても広いので日高町の場合です。冬のことを考えて建てているので窓は2重です。廊下と教室は、窓ではなく、壁で仕切られています。窓だと寒いからです。その壁には、冬になると子どもたちのコートがかけられます。

　休み時間は体育館を解放します。バレーボールやバトミントン、バスケットボールなどをして遊びます。9月でも、日によっては寒いので、子どもたちは、外に出るとは限りません。ぼくは無理をして数人の男子と昼休みにグランドでノックをして遊んだこともありました。グランドはとっても広かった。他にはプレイルームがあり、そこで卓球をしていました。卓球のうまい子が多く、家には、卓球台があるそうです。

　沖縄に来て驚いたのは、学校がカステラのように一列に建っていないことです。土地の広さと関係があるのかな。コの字型や口の字型に校舎が建っている学校もあって、びっくりしました。なにより驚いたのはプール。特に新しい学校のプールは屋上にあり、そのうえ美しい。

　大分の頃、プールはグランドの隅にあって、水の管理は教師がしていました。北海道のプールは、町営でバスに乗ってプールに行っていました。そのプールは、ガラス張りのビニールハウスのちょっといいものでした。沖縄はプールもリゾートホテルのようで美しい、違うなあと思いました。水泳の期間も北海道は7月の2週間、大分は6月から約1ヶ月半、沖縄は5ヶ月ぐらい。その土地、その土地で違うものだとは思っていたけれど戸惑いました。

　それでも沖縄の学校に慣れてきました。そんなとき、不思議に思ったことは、オープンスペースがゆったりあり、木のベンチが作られている。なのに、誰もそこに座って、子どもと会話していないことです。どうして、子どもとおしゃべりしないのでしょう。

　ぼくだったら、宿題を忘れた子どもを手招きして、
「なぜ呼ばれたかわかるかな？」
と、話しかける。あるいは、授業でいい発言をした子どもを呼んで、
「まあ、ちょっと座ってください。あの発言には感動しましたよ。このノートに、あの発言をもう一度書いてくれませんか」
なんていうかもしれません。
「班長さんたち、集まってください」
と、声をかけ集合する場所にしそうです。

　ただ、ベンチを使おうといっているのではありません。子どもと楽しくおしゃべりしている先生が少ないと感じています。おしゃべりを通して、子どもとコミュニケーションを取ろうとする先生になってほしいと思います。そのためには、オープンスペースにある木のベンチって、絶好の場所。ユンタクの広場。沖縄の学校の良さを知って、それをうまく使ってみましょう。おきなわって、いいところですよ。

（丹野 清彦）

第3章

花のある授業、
いまはつぼみでも。

1 授業のはじまり、楽しいスタート

Question?

授業のスタート
どうすればいいの
楽しくと思うけど
それができない

STEP 1 導入って、なぜ大切なんですか?

　楽しい授業や面白い授業は、「導入」からよく考えられた構成になっています。なにげない質問のやり取りから、うまく授業のめあてにもっていたり、何気ない話がいつの間にか授業と結びついていたりと、僅かな時間で、一瞬に子どもたちを引き込んだり、見ている側もついつい引き込まれてしまって、この後どうなるんだろう?　なんて生徒と一緒になって授業を受けていたりします。

　授業の「導入」は、子どもや生徒の興味・関心・学習への意欲をひき出し、授業の「つかみ」となる重要なポイントです。子どもたちの心をつかんでしまえば、その後の授業は子どもたちが自然とリードしてくれます。とても楽になるのです。そしてなにより、教師もとても授業が楽しくなります。

　授業の効果的な導入が、授業本題のスムーズな展開へとつながっていくのです。

おもしろい授業は、授業のつかみ

　授業に対する興味・関心・意欲をもたせるような「授業のつかみ＝授業の導入」から入るようにしましょう。はじめから、授業の本論の説明に入ったのでは、子どもたちにとっては思考の飛躍・断絶が起こり、授業への興味、関心、意欲を喪失しかねなません。

　授業の導入には、既習事項をうまく引き出す教師の発問や既有知識・既成概念とのギャップ（認知のギャップ）を生じさせる創造性豊かな教材などを活用して、児童生徒の興味、関心、意欲を引き出していくなどの創意工夫が必要です。一気に授業に引き込めるようなインパクトのあるつかみを心がけたい。効果的な授業の導入には、いろいろな方法があります。いくつか例を示しますね。

◆今まで習ったことやみんなが知っていること、体験したことやズレを生じさせる教材や相反する教材などを提示する方法。例えば、算数・数学の授業で「ある円と半径が2倍の円の2つの円について、両方の半径を1mずつ増やすと円周の増え方はどうなるか」など。考えるヒントがある。

◆「今まで習ったこと」や「みんなが知っていること・体験したこと」を発問でうまく引き出しながら、教材を提示する方法。例えば、理科の授業で「雨が降るのはどうして？」「雷はどうして起こるの？」「雲ができるのはどうして？」「静電気はどうして起こるの？」などの質問から入る。生活の疑問や興味からスタートする。

◆異なった意見が出やすい教材を提示し、それらをうまく生かしながら、発問し、本題へと発展させていく方法。例えば、社会科の授業で「〇〇国の大統領に△△氏が就任したことに対してどう思うか」など、ニュースや新聞から、授業じゃないのかな、と一瞬惑わせながらも実は授業に関係がある。あとで授業がもう始まっていたのか、と思わせる。これはちょっときもちいい。

　なんだかできそうな気がしてきたでしょう。

もっとつかみが、うまくなる

　それでは、子どもたちの興味、関心、意欲を引き出す「導入」って、どういうことに気をつけたらいいのでしょうか。

　それはなにより、教材の本質をしっかりと見極めることです。授業が終わった後、「学習したことを覚えている」、「問題が解けるようになった」ことも重要なことですが、その教材がこの後どのように発展していくのか、どのような場面で使われるのか、面白いのか、どこが間違えやすいのか、など教材研究をしっかり行うことが大切です。実生活との関連が子どもたちの興味を引きます。

　また、道具を使用する、活動を取り入れることも重要です。ものを取り出すと、子どもたちは一気にその道具に集中します。そしていろんな想像が始まります。「何だろう？」「〇〇じゃないかな？」「何をするのかな」など考えているところ、質問をしてやり取りをしながら進めていきます。

　また、音楽を聴かせたり、写真や図を見せたりしながら、それにまつわるエピソードや質問をしながら進めていくと、一気に盛り上がります。でも、しばしば脱線しすぎますから注意してね。

　つぎは、子どもたちの関心ごと、話題に気を配ることです。私は高校の教師だったので、常日頃からとくに意識しました。生徒がよく見るテレビ番組や映画、良く聴く音楽、好きなもの、友だち同士の会話に良く出てくる話題などを、チェックしておくことが大切です。授業の中に、子どもたちの関心の高いものを取り入れることで、授業に対する興味が湧き、授業への集中力が高まってきます。　　　　　　　　　　（多和田）

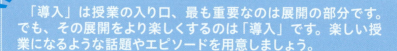

「導入」は授業の入り口、最も重要なのは展開の部分です。でも、その展開をより楽しくするのは「導入」です。楽しい授業になるような話題やエピソードを用意しましょう。

2 めあてを出すタイミング

Question?

めあてのタイミング？
タイミングなんて
考えたことなかった
だったら、
今から考えよう

STEP 1 めあてを提示する意味

　「めあて」を提示することの意義は、本時の授業の「学習目標」と「学習内容」を明確にするということです。
　「今日のめあては、○○の仕組みを理解する。」
　「今日の目標は、○○を工夫して解くことができる。」
　「この時間は、○○について勉強します。」
　「そして、～ができるようになります。」
など、本時で学習する事項の学習目標と学習内容を、子どもや生徒にあらかじめ伝えることは、学習に対する心構えや目標にすべきこと、やるべきことを意識づけということです。子どもたちが、喜ぶような、楽しくなるような、何よりも子どもたちが、自分から進んで考えてみたくなる、解いてみたくなるような目標提示にしたいものです。これが、めあてを出すタイミングです。ときには、さっと。あるときはゆっくり。

めあてを出すタイミング、うでをあげる

　めあてを出すタイミングは、その授業の構成で一番有効な場面ですが、必ずココというわけではありません。いくつかのパターンがあります。

　まず、いきなり「めあて」を提示するプランです。あまりしゃべらず、説明もせず、いきなりめあてを黒板に書き始める。これだけで、インパクトがあります。無駄な時間が省けて、展開に時間をかけることができます。ただし、いつもこれだと飽きてしまい、子どもたちの興味を惹きつけることはできないのが弱点です。

　次は、少しだけ前触れがあって、導入、展開に入っていく方法です。普通のパターンです。例えば「今日は○○について考えます。」と始めて、それについて知っていることを聞き、話題を広げ、そこからめあてが登場します。こうすると、気持ちもなごみます。

　これとはちがい、問題を提示し、内容に入って進めていた時に、今日のめあては、もうわかったかなと、子どもたちに聞くパターンがあります。めあてが後から出てきます。

　一般的には、導入が終わった段階で、「そこで、今日の目標は……」など提示し聞き返します。たまにこんなことをすると、めあては何か、子どもたちが考え意識します。めあては、与えられるものではなく、本来自分で考え見つけるパターンです。

　ここで気を配る必要があります。ひとつは、教材によって導入の仕方がいろいろあるのと、そうではないものがあることです。あまり無理をせず、展開に時間をかけられるように、すっきり入っていくのがいいと思います。

　それでも、ただ単に「今日のめあては……」や「本時の目標は……」など提示するのは、おもしろくありません。導入からめあてまでの流れをよく考えて、一番効果的な場面で、演技を交えながら、少し大げさに発表するなど、盛り上げ方も考えましょう。

　楽しく授業へ入っていくためには、そんなことも必要ですよ。

こんなめあてが、授業を盛り上げる

　授業の構成をしっかりと練ることです。めあてとは、学習のめあてです。学習のめあてとは、どんなものがあるでしょうか。忘れてはならなのが、めあての「内容とその表現」です。子どもたちが、目標としてきちんと理解できる内容であるか、具体的であるかなども重要です。そして、子どもたちの目線で、〇〇〇〇について理解できる、〇〇〇〇を工夫して解くことができる、などの表現にすると良いでしょう。

　たとえば、今日の授業では、どんなことがわかればいいか、できるようになればいいのか、めどを持たせる役割がめあてです。子どもたちが授業の終わりに自己評価するとき、わかりやすい、具体的なことがいいですし、だれもがなんとかがんばれば、到達するめあてがいいでしょう。たとえば、

小学校	国語	銃で撃たれたごんぎつねの気持ちを読み取ろう
	算数	速さの問題の解き方を見つけよう
	社会	徳川幕府の支配の仕組みを説明しよう
中学校	国語	平家物語の文体を味わおう
	数学	連立方程式を使って、みかん1個の値段の求め方を考えよう
	社会	日本のさまざまな分け方を考えよう
高校	数学	三角比を利用して、飛行機の高さなどの距離を求める
	農業	森林・草原の基礎知識を理解する

　と、なります。今日の授業では、どんなことがわかればいいか、できるようになればいいのか、めどを持たせる役割がめあてです。子どもたちが授業の終わりに自己評価するとき、わかりやすい、具体的なことがいいです。なにより、だれもがなんとかがんばれば、到達するめあてがいいでしょう。

（多和田）

> 子どもたちの現状を把握しておくこと。同じ教材でも、学習する子どもたちによって反応が異なります。元気のあるクラス、おとなしいクラスなど、どこでめあてを出したら盛り上がるか、考えましょう。

3 問題の出し方

Question?

問題を出すとき、
緊張します
この問題でいいかな
迷います
迷っていいですか

 STEP 1　問題は、どうやって考えるの？

　授業において、学習活動の展開に応じた学習形態が最も大切な事ですが、それらと連動する教材や問題も忘れてはいけません。そこで問題についてです。そして、問題を解かせる際、その内容だけでなく、出し方や声のかけ方、解答の方法等も重要になってきます。問題を出す、教師の仕事ですが、さてその後どう動いていますか。はたして子どもたちに声をかけ、援助しているでしょうか。問題の内容は当然、教科書が基本ですが、子どもたちの実態に応じてその難易度や問題数、配列などを必ず検討しましょう。

　また、問題を解かせる際の机間指導による観察や、子どもや生徒たちへの声かけも大きな励みになり、解く気持ちを盛り上げるだけでなく、先生が授業中にいつも近くにいる事への安心感にもつながり、目に見えない絆（信頼関係）がより一層強固なものへと変わっていきます。

やる気になる問題の出し方

　どんなふうに問題をだしたら、子どもたちはやる気になるのでしょうか。ただ問題を出せばいい、そういうわけにはいきません。

　算数だったら、あっさりと問題をだすと、すっきりと問題を解こうとするかもしれません。でも、算数が嫌いだと、その場でシャッターと降ろす子どももいるでしょう。なにか、前話が必要です。

　国語だったら、教科書の単元が長くて、読むのが面倒だったり、時間がなかったりします。そのため、お話を覚えていない人やすっかり忘れている人、さらには前時のことさえ、記憶にない人がいます。まず、ここで工夫が必要です。

　社会なら、どうでしょうか。地理や歴史は興味がある人とない人で、はっきりしています。そういう人たちを振り向かせる工夫が、求められます。どうしたらいいのでしょうか。

　理科や他の教科でも同じことが言えます。先のことに対する対策、これが工夫です。しかし、最も簡単に考えると2つのことを意識します。

　ひとつは、現実的な話にすることです。教科書のことをクラスの話に置き換えて、個人名が出てたとえ話のように問題を説明する。あるいは前の時間を振りかえる。これはよさそうです。

　ところで、あなたには、得意な脱線話がありますか。先生のおもしろい語りは、人生の友、いい思い出です。まったく関係ない話から入り、実は授業の話だった、というのは芸術的ですが、それは無理として、やっぱり関係ない話だった。けれど、さあ、ここから授業だよ、と持ち込みます。お互いに息抜きをして、リラックスさせることです。こういう脱線話の手持ちも必要です。

　問題を解く意欲を高めるための提示の仕方と、気持ちを切りかえ授業に臨むための問題の出し方がある。あなたは、おもにどちらで今年はやってみようと考えるのか、試すことは実践することです。

もっと問題をだすのがうまくなるために

　まず、問題文です。問題がより身近に感じられるように、またより解きたいと思う気持ちが湧くように、登場人物や場面設定などの文章表現を工夫しよう。次は、内容です。自分の学級の実態と照らし合わせて、学習内容の理解に最も効果的な内容になっているか、子どもたちが解いてみたくなるようなものになっているか、確認しましょう。確認するのは次の点です。

- 子どもたちの理解度や習熟に応じた難易度ですか。
- 内容のバランスや配列が適当になっていますか。
- ワークシート等を作成する場合は、書き込むスペースが十分かどうか。

　実際の文字数より多めに空欄をつくりましょう。ここまでできれば、いい調子です。次は、提示の仕方です。　教科書の〇ページというように具体的に提示します。はっきりした声で読み上げて、問題文の意味をきちんと理解させます。板書も当然ですが、丁寧に書きましょう。色分けや下線を上手く利用し、ポイントとなる箇所を視覚的に表現するとわかりやすくなります。板書する際、フレーズを書いた後に、
「一番後ろの〇〇さん、この大きさの文字でちゃんと見ますか?」
「みんな大丈夫だね」
など、確認を必ず行ってください。

　問題文を、全員で読み合わせするのも、内容の理解を早める一つの方法です。また、低学年のうちは「最初は声を出さずに目で読みます。そして、次に声に出して読んでみましょう」などの工夫も有効です。

（多和田）

　　授業を楽しくするためには、問題がクラスの子どもたちの実態に合っているか、考えよう。そして、たまには、問題の出し方をかえて、子どもたちを楽しませよう。

4 机間指導で声をかける、コメントする

Question ?

生徒に声をかける
あたりまえのようだけど
なんと言ったら
いいのか、
困ってしまいます

STEP 1　問いとクラスの雰囲気

　問題があるから、授業が成り立っています。学習の理解や定着に向けて、子どもや生徒に思考する契機を教師の側から作り出すために問題があります。とても重要な機能をもっています。知識と知識を結びつけ深めるため、思考を促す問題を工夫する必要があります。

　けれども、それと同じくらい大切なことは、クラスの雰囲気を作ることです。思い切って、発表しようかな。だけど、笑われたらどうしよう、誰でも考えることです。そこで、忘れてはならないのが、日頃から授業では、

- ●間違っても大丈夫
- ●教室は間違える所

など、雰囲気をつくることです。発表しても大丈夫、ここは安心できる場所、そこが教室なら嬉しいです。

STEP 2 子どもたちの間を回って、どう声をかける?

　問題を出したあと、机間指導を行って、子どもや生徒たちがどのような状況であるかを、観察しなければなりません。まず、問題の意味をきちんと理解できているか、取り組み状況はどうか、などについて、机間指導をしながら、確認していきます。ふたつのことが考えられます。

　問題が解けていないときは、問題が解けずに考え込んでいる場合でも、問題の意味は理解しているが解けないのか、問題そのものの意味が理解できていないのか、声かけを行いながら確認しましょう。

　多くの子どもや生徒が問題の意味を理解していないようならば、改めて、鉛筆を置かせて、問題文の意味を説明します。問題の意味は理解しているが、解けていないときは、ヒントを与えます。

ヒントの出し方

- ▶「例題は〇〇だけど、今度は△△になっているよ」
- ▶「◇◇のところが、この問題の重要な部分だよ」

　そして、その後の状況を観察します。こんどは、机間指導をしながら、問題が解けているか、見てまわります。

声のかけ方

- ▶「よくできているね。」
- ▶「なかなかいいね。」
- ▶「すごい！　別の方法で解いたんだね。」

　声をかけながら、「となりの人に声をかけてね」と、注文を出します。できていない人には、「どこで困っているのかな」と話しかけます。

　子どもの性格や状況に合わせた会話ができるようになりたいものです。どんなときも子ども目線で、腰をかがめて行いましょう。すると、教えるうちに信頼関係が生まれます。

もっとうまく、発言や質問にコメントしよう

　今度は発言にコメントする、質問に答える場面です。机間指導をしていると、必ず出会うことです。あるいは、発表した時にどんなコメントをするかです。まず、期間指導をしている時に、
「先生、よくわかりません」、「こう考えていいんですか」と、質問されたとします。この場面で、あなたはどう対応しますか。質問されたら、こんなふうに答えるという形をひとつ用意しましょう。わたしは、
「それは、いい質問だね」
と、返します。質問した相手も、これでひと安心です。きっと勇気を出して聞いてきたことでしょう。ここで間を取り、次の言葉を用意します。
「こんなふうに考えてみたらどうですか」
と、直接答えないで置き換えて話します。答えより、考え方を説明したいからです。それでも、わからなければ隣の人に、
「あなたは、どう考えたの？」
語ってもらいます。これは結構役に立ちます。みんなの前で発言したときは、どんなコメントがよいでしょうか。
「目のつけ所がいい」
という言葉は、答えが正しいとは限りません。こんな返し方なら、どんな時でも、コメントができますよ。コメントをするということは、発言に対して、スルーしないで、反応するということです。受けとめたよ、という意思を示します。
　　　　　　　　　　　　　　　　　　　　　　　　　　　　（多和田）

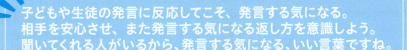
子どもや生徒の発言に反応してこそ、発言する気になる。
相手を安心させ、また発言する気になる返し方を意識しよう。
聞いてくれる人がいるから、発言する気になる、いい言葉ですね。

5 授業のまとめ、ほめること

Question?

いよいよ授業も
終わりです
まとめで
何をいったらいいのかな
うれしくて
話すことを忘れそう

STEP 1　授業のまとめ、どんなことをしたらいいの？

　よくここまでたどりつきましたね。それだけで、とってもとってもえらいよ。実際に授業をしても、途中からうまくいかない。ええ？　初めからうまくいかない！　それもある。

　だからこそ、よくがんばりましたね。しかし、ここで、さっそうと終わりたい。いや、たとえよれよれでもいい。いい終わり方はできないものでしょうか。

　そこでふたつの提案です。ひとつは、子どもたちの発言をつかい、まとめる仕方。黒板に書いた子どもの発言をいくつかつなぐと、今日の授業のまとめになるよ。もうひとつは、あらかじめまとめの言葉を用意しておく。画用紙に書いておき、最後に黒板に貼ります。授業がどうなっても、まとめは変わらない。たどり着くところは決まっているし、重要なことはすでに書いているので安心です。ちょっとずるい気もしますけど、はじめはこれもいいかもね。

具体的なまとめ方

　まとめ方のプランは、いくつあるんだろう。いくつもありそうで、それも個人のカラーかな。そう思えるでしょう。でも、違います。どう違うのか、少し色分けして考えましょう。

＜先生がまとめる＞

　あらかじめ、まとめの紙を準備しておく仕方は、先生がまとめる方式です。紙を用意しなくても、ノートにまとめる言葉を準備していて、それを読み上げるか、黒板に書いたりするでしょう。これらは、前もって、教師が準備していたことを使います。だから、よくがんばっている先生です。とっても大事なことを逃さない、まとめ方です。

＜子どもの言葉でまとめる＞

　子どもの発言や板書したことをつないでまとめる仕方は、子どもの考えを重視したまとめかたです。教師は、こんなふうにまとめたい、と意図はあったとしても、考えていた意見が出なくて、そこのところは触れられなかった。そんなことも起こります。そのかわり、「自分の言葉でまとめよう」と投げかけ、まとめたことを読んでもらえば、立派なまとめになりますし、教師が思っていたこと以上のことを学び、まとめていることもありました。

　さて、どちらがいいかではなくて、どちらも試してみませんか。教育というのは、これが一番となかなか決めつけられません。教師と子どもの関係で、学習や約束ごとが成り立っているからです。

　このまとめの場合、共通して大切にしてほしいことは、まとめたことを声に出して読むこと。大切なことは、ノートに写すこと。そしておぼえることです。ただ、黒板に書いて、あるいは貼り付けて終わりでは、まとめが見られた時間は、1分でしょうか。印象にも残りません。映画のエンディングのように余韻に浸り、字幕を最後まで追いながら席を立つ。そんな授業ができたらなあ、なんて夢でしょうか。まとめは、印象に残してこそ、まとめです。

STEP 3 だれをほめたらいいのでしょう？

　まとめも、なんとか終わりました。本当に授業の終わりがやってきました。ここで終わってもいいです。でも、やっぱりちょっと待ってください。何か忘れていませんか。そう、余韻に浸ることです。余韻、それは満足感です。もし、学校の先生が知識を教えるだけなら、まとめて終わりでいいでしょう。しかし、学校の先生は知識を教えるだけではありません。学ぶ楽しさや、授業の中で人との関わりを教えます。関わりあうから、見直しが起こり、人との出会い直しが生まれます。また、それをつくるのも仕事の一つです。

　そこで、授業の中でターニングポイントになる発言をした人はだれかな、と終わりに子どもたちに問いかけてみましょう。あるいは、
「今回一番驚かされた発言は、だれですか」
と、みんなで振り返ることも大切です。いいまとめにもなります。

　こういう視点だと、学習の得意な人だけでなく、いろいろな人がほめられそうです。それに加えて、答えから遠かったけれど、思い切って発言した人も、ほめたいですね。敢闘賞です。ここまでは、発言した人です。

　でも、隣の人に「発言してみたら」と、声をかけた人も認めたいです。サッカーにたとえると、サポーターにあげる賞です。学校というところは、集団で学ぶところです。集団で学ぶ意味は、視野を広げることです。あんな考えもあったのか、と驚くことです。でもそれだけではなく、あんなことをあいつは考えていたのか、と知ることです。学ぶことは人を知ること、それを感じさせるのが、授業のまとめであり終わり方です。

　　　　　　　　　　　　　　　　　　　　　（多和田・丹野）

> 学校の先生は、授業を通して何を教えているのでしょう。その意味がわかると、あなたのほめ方に幅がでる。感動的な授業は、熱い拍手で終わろう。特に若いうちはね。

6 授業の振り返り&記録

Question?

指導案は書きました 記録はどうしたらいいのでしょう?

STEP 1　板書は授業の記録。だけどなにを残す

　板書は、とっても大切な記録です。これほど、リアルに授業を語ってくれる記録ってあるでしょうか。なにより、視覚的に伝わります。だからこそ、記録となるような板書にしましょう。

　では、板書には何を残せばいいのでしょうか。必ず書くものは、次の4つです。学習テーマやタイトル。今日は、どこの学習をするのか、テレビ番組でいえば、今回の内容です。そして、めあて。めあては、どの授業でも書いていますね。できるだけ文末は「なになにしよう」と、呼びかけ型がいいです。3つめは、問いです。この問いでよかったか、授業の振り返りで必要です。そして、最後にまとめ。めあてと対応しているか。めあてや問い、まとめとつながっているか、授業のあとで分析してみましょう。写真で記録を残すのなら、面倒くさがり屋にだってできるでしょう。記念写真を撮りましょう。

なにを振り返ったらいいのですか?

　板書を写真に撮りました。だけど、何を振り返ったらいいのでしょうか。

　たしかに、なにを振り返ったらいいのかな。最も大切にしたいことは、あなたはどんな授業をしたいのか、ということ。あなたが、子どもや生徒たちが活躍する、たくさん考えが出る授業がしたいのだったら、黒板に子どもたちの考えや発言が残っているだろうか。子どもや生徒たちの考えが記録されていない、考えが出ていてもひとつぐらいだと、ちょっと寂しいね。

　では、いろいろな考え方がでる授業がのぞみだとしよう。算数だと、子どもが黒板に自分の考えを書き始めるはずだよ。授業が終わると、何通りの考えが出たかな、と、出てきた考えを確かめたらいい。

　わたしのテーマは、子どもたちが板書に参加し、自分の考えや調べたことを子どもの字で書いてもらうことでした。だから、黒板には子どもたちの字や絵がたくさん残っています。(下の板書)問いをテーマにしている人は問いを、まとめに力を入れていれば、まとめを中心に写真で記録したらいいよ。

子どもたちの発言を枠の中に書きました

　これが中学や高校だったら、どうなるのだろう。

　どんな板書になったとしても生徒が字をどこかに書いてあるか、せめて発言は位置づけてほしいね。

もっと、もっとうまくなりたい

　板書がうまくなりたいのか、授業がうまくなりたいのか、どっちなんでしょうか。

　ええっ、その両方ですか。板書がうまくなるということは、黒板にまとめるのがうまくなる、ということです。よく見える書き方は、色チョークの使い方や字の大きさなどデザイン性に関係があります。写真を撮り、それを見直すことを繰り返すと上達します。

　しかし、子どもの出番がなく、発言や考えが出ていない授業は、授業の展開から振り返らなくてはなりません。だから、見かけと内容が必要だということです。いくらきれいな板書でも、教師主導で子どもの発言が見受けられなければ、いい授業とは言えません。

　そこで、子どもの発言をこのスペースに記録するぞ、という見通しを持った板書計画が重要になります。そのためには、この問いを出したら、こんな考えや別な考えなど、4つくらいは出てくるかな。そしたら、子どもの発言通りに黒板に書いていこうなどと予想を立て、発言を楽しみに待つ余裕が必要です。

　結局、予想に反してひとつしか発言が出なかった。問いが悪かったのかな、と分析に入ることもあれば、反対に、いくつも考えが出てきて授業が盛り上がると、なにが良かったんだろうと黒板を見ながら振り返ります。それだけに板書には、子どもの発言をできるだけ正確に書いたほうが役に立つでしょう。　　　　　　　　　　　　　　　　（丹野）

> 板書は、授業記録です。カメラで記録して、ふりかえり自己分析すると、どんどん授業の腕が上がります。見どころは、発問と子どもの考え。たくさん予想通りに出ましたか。

7 アクティブ・ラーニングを取り入れよう

Question

アクティブ・
ラーニング
いったい
どうして
どんなふうに

 ## STEP 1　アクティブ・ラーニングとは

　文部科学省によると「教員による一方的な講義形式の教育とは異なり、学修者の能動的な学修への参加を取り入れた教授・学習法の総称。学修者が能動的に学修することによって、認知的、倫理的、社会的能力、教養、知識、経験を含めた汎用的能力の育成を図る。発見学習、問題解決学習、体験学習、調査学習等が含まれるが、教室内でのグループ・ディスカッション、ディベート、グループ・ワーク等も有効なアクティブ・ラーニングの方法である」となっています。
　「学修」は「学習」に置き換えても問題ありません。アクティブ・ラーニングは大学を中心に高等教育などの一方的な講義形式に対して能動的、主体的な活動を通して能力を育成することを目指したものです。ようするに一方的な講義はやめようということです。

STEP 2 たとえばこんなふうに

	学習活動	共通
導入	①前時の理解の内容を児童（A）の感想として紹介して、「A君はなぜこう考えたと思う?」と発問することで、授業の冒頭に多様な意見を引き出す。	○何でも話せる学級の雰囲気づくり。 ○「『話し合い』は『聞き合い』」であることの習慣化。
展開	②「めあて」は、児童からまたは教師提示にこだわらず、すんなり出して、「めあて」に対する個別の予想を立てさせる。 ③個別の予想を複数で考え、発表してから展開に入る。 ※「めあて」に対する予想や見通しが次の展開の意欲につながる。 ④教材に対する教科等の特色を生かした見方・考え方からの考察ができるように必要な説明や発問、学習活動を用意する。 ※理解や考えを発表、文章化する他に図表等、劇化することもある。表現方法を教科等の特色を生かして工夫する。	○1人・2人（ペア）・4人で考える。 ○3人以上での話し合いの仕方（ルール）を定着させておく。 ○まず自分の考えを述べ、理由を添える話し方の定着。 ○複数で考える前に個の考えを持たせてから話し合うことで、他者に任せたり、頼ったりする話し合いにならない。 ○短い言葉の表現をグループや発表時の教師の再言語化で豊かな表現にさせる。〔「それは、どういう意味ですか?」「なぜ、そう考えたの?」〕 ○まとめは知識・理解を再構成できる発問や考えのまとめを文章化するようにする。
終末	⑤定着の確認（習熟）と振り返りを混同しない。習熟が優先(どんな力がついたか)。 ⑥「①」につなげたり、評価に使ったりするために「書く」作業を入れる。	

アクティブ・ラーニングの学習形態と評価

アクティブ・ラーニングの学習形態というと、
◆グループを使った話し合いや交流などの学習活動
◆観察や実験、現地調査や見学などの体験的な学習
◆操作活動を取り入れ、ものを使う、ものを作る学習活動

などです。年齢の低い子どもたちほど、こういった活動がなければ、授業に飽きてしまいます。では取り入れたとして、どう評価したらよいのでしょう。

■テスト＋児童が書いた記録

評価で思いつくのはテスト。これに児童個々の書いた毎時間の記録を加えると、児童の学習過程の変容が見え、それを評価します。

■児童が書いた記録の積み重ね（ポートフォリオ評価）

児童が書いた記録には文章や作品等を含みます。これらをファイル化するなどして個別の学習過程がわかるようにして、内容の深まりや広がりを基に能力を評価します。

■題を通した知識や技能の活用の評価（パフォーマンス評価）

児童が学習の成果をどう活用できるかを問い、その到達度によって評価するものです。例を挙げると、国語はまとめの表現読み、算数は学習したことの実生活への応用、理科や社会なら学習に基づいた発表や説明などです。その際、複数の視点で評価するための基準（ルールブック）があるとよいです。

■学習に関する教師からの質問に答える評価（質問紙調査）

実態調査などに使われますが、学習の最後に使うことで、教師が問いたい質問に対するデータを集めることができます。　　　　　（白尾）

> 授業での情報交換の多様化として、グループでの話し合いの後に学級での話し合いがありますが、グループでの話し合いの後に他のグループに説明に出向くことやその結果をグループに持ち寄ることも工夫の一つです。

8 授業で班をつかおう

Question

授業で班をつかう
学校でも
つかっています
でも、なぜ？

STEP 1　班をつかう。授業の中で班をつかうのですか？

　授業の中で班を使うから、学習班と呼びます。学習班をつかうと、どこがいいのでしょうか。国語の授業だとします。はじめにめあてが出てきて、では本文を読もうとなる。その時に、「となり同士で声をそろえて読みましょう」

　なんて、指示してみよう。自分ひとりではうまく読めない子が、2人組のおもしろさに誘われて、相手の読み方を真似て読むかもしれません。いつもは読んだふりをする子が、2人だとそうはいきません。2人が4人でも同じです。まる読みで4人順番に交代なんて、おもしろいですよ。算数の問題文を読む場面にもこの仕方使えますよ。社会の教科書だって、こんな調子なら、みんなで伸びていきそう。個人の学習から2人組や4人組の学習を取り入れて、教え合い、励ましていこう。そんな授業にしてくださいね。

学習班をつかうところ

　まず教科書を読むところ、これは前のページで紹介しました。
　次は、どんな場面でしょうか。小・中学校では特に、3つの場面でつかいます。では、順に説明します。

〈問題を出したあと〉

　あなたが問いを出しました。子どもや生徒たちは、答えを考えます。ノートにその考えを書かせてくださいね。書くことでもうひとつ深く考えます。このあとに、
「どんなことを考えたのか、グループで交流しよう」
と、呼びかけます。交流です。班で考えをひとつにし、まとめようとすると、強い子の意見に押されます。自分の意見を発言する練習であり、人の考えを聞く練習会です。この練習会を通して、いろいろな考えがあるんだ、とか、私の考えでも良かったのね、と安心する場なのです。だったら、今度はみんなの前で言ってみようかな、となります。

〈いろいろな考えが出たあとに〉

　今度はひととおり、考えが出たあとに「どの考えがいいと思う？」と、考えを選ぶ場面です。クイズ的なので、考えが出しやすく分かれます。意見が違っていいんだ、これが普通になってきます。

〈学習の振り返りで〉

　授業の最後に、どんなことがわかったか感想と一緒に班で交流します。この場面で使うと、同じ授業を受けても、感想はいろいろあるんだと思うはずです。これも、行いやすい場面です。

　グループをつかい、少しでも多くの子どもや生徒たちが、自信を持って考えを発言できるようになったらいい、そんな願いを持ちグループを取り入れています。あなただって、研修で話を聞くばかりより、近くの人と話し合ってと言われたら、ほっとするでしょう？　人の気持ちの動きを知っていれば、ちょっとした活動も取り入れられる。要は人間を知ることです。

班のつかい方、もっとうまくなりたーい

　その叫び、いいですね。人間はよくばりな方がいい。文句やぐちを言っても前には進まない。どうせなら、よくばり、前向きにいっぱいまねてみよう。実際に学習班を授業でつかったとしよう。どんな問題が起こるでしょうか。予想される問題をクリアできれば、班のつかい方って、うまくなっているんじゃない？　　　　　　　　　　　　　　　　　（丹野）

> **起こりそうな問題①**
>
> 　学習班をつくるとき、ドタバタと音がしてうるさくなってします。これはありますよ。学習班って、前後4人組です。前の人が後ろを振り向くだけでもいいけど、机を4つくっつけるとなると、もめごとが起きるかも。そこで、学習班をつくる練習を何度も、前もってしよう。

> **起こる問題②**
>
> 　「それでは、話し合おう」これで話し合いができれば、苦労はいらない。小さい子どもほど、話し合いの経験が乏しい。話し合いの仕方をカードやプリントにまとめ、学習班ごとに準備しよう。そのカードを見ると、話し合い方が載っている。これを見ながらやれば、話し合いはうまくなる。

> **起こる問題③**
>
> 　こうやって活動したときに、いじける子がでそう。だから、考えはひとつにしない。「今のは、練習です。みんなの前で自分の考えを言える人」と呼びかけよう。班内で、考えを発表したら、ひとことほめ拍手をすると安心するよ。場合によっては、手をあげたらどう？　と声をかけよう。

> **どうだろう。やってみる気になったかな。先生が話し続ける授業から、子どもたちが、個人で考える、学習班で考える、みんなで考える、3段階に分かれた変化のある授業をしよう。**

9 学力のつく授業にするには

Question?

学力って
なんですか
力をつける秘密
教えてください

 ## STEP 1 学力の三要素

かつては「学力とは何か」という論議が盛んに行われましたが、ここでは平成19年に改正された学校教育法30条2項に示された次のものを学力としています。

① 基礎的な知識及び技能の習得
② 活用して課題を解決するために必要な思考力、判断力、表現力その他の能力
③ 主体的に学習に取り組む態度の養成（学習意欲）

文科省はこれを「学力の重要な要素」としています。学力と言うとき、①の「基礎的な知識及び技能の習得」が中心になる傾向がありますが、今後は資質・能力の育成が求められ、その中で重要な位置を占めるのはむしろ②の「活用して課題を解決するために必要な思考力、判断力、表現力その他の能力」や③の「主体的に学習に取り組む態度」であることを確認しておくことが大切です。

授業で学力をつけるとは

　小学校の 45 分間の授業で「学力をつける」とは、どういうことなのでしょうか。算数がイメージしやすいので算数で考えてみます。

　4 年生の「小数のかけ算とわり算」の単元では、（小数）×（整数）、（小数）÷（整数）の意味と計算のしかた、筆算、（整数）÷（整数）でわり進める計算、あまりの求め方、商の四捨五入、小数の乗除の演算決定、作問などが学習内容になります。

　それぞれの時間で計算技能の習得が求められので、これが学力の三要素の①「基礎的な知識及び技能の習得」になります。これは毎時間求められることなので短期的に求められる学力です。授業では問題解決的にここで求められる技能に迫り、授業の終盤で必ず、技能習得の確認としての習熟（練習問題等）をします。

　これに対して学力の三要素の②や③は毎時間の積み重ねなので長期的に育てる学力になります。この単元では各時間の授業で計算の意味や計算のしかたを、具体物や図、式を用いて考えることが求められ、この積み重ねが数学的な考え方（算数を通した思考力・判断力・表現力等）の育成につながります。

　ひとつの授業の計算技能の習得に向けた問題解決的な学習活動の中で、計算の意味や計算のしかたを、具体物や図、式を用いて考えることが求められることになります。つまり「基礎的な知識及び技能の習得」のために、その前段として②の「活用して課題を解決するために必要な思考力、判断力、表現力その他の能力」を必要とする場面を授業でつくり、その解決を通して①に迫るという流れになります。

　「ひとつの授業で学力をつける」というとき、同時に①と②の二つの学力を意識した授業が求められるということです。ひとつの授業では、授業の終盤に①についての習熟の確認をすることが大事です。②は毎時間の積み重ねの中で評価と確認を進めることになります。

STEP 3 どんな力をつけたいのか

　学力のつく授業というとき、授業に求められることは、どんな力をつけたいのか、を意識して授業に臨むことです。授業開始の段階で、児童の学習意欲が注がれるような問い（めあて）の設定が求められます。児童が問題を解決したいと思い、試行錯誤することが思考力・判断力・表現力等につながります。そうした問題解決的な学習過程を通して習得された知識や技能をより確実なものにしていくために授業の終盤に習熟の時間を設けます。

　習熟は慣れ親しんで習得した技能が自動化していくことです。算数では計算の反復練習が想起されます。計算の仕方の確認としての習熟は、授業の終盤で練習問題をすることになります。ただ、学習での習熟は、習得した基礎的な知識及び技能を使う（再構成）ことによる習熟もあります。

　ひとつの授業で習得した知識や技能を再構成する子どもを動かし、考えさせるよく練られた発問や指示によって、習熟を設定することは、知識や技能の習得にとどまらず、思考力・判断力・表現力等の習熟にもつながります。

（白尾）

10 もっと授業がうまくなるために

Question

どうしたら
もっと授業が
うまくなりますか
それには
振り返り方が
あるんですよ

STEP 1 なにを振り返ったらいいのかな？

　いよいよ最後のコーナーです。授業が終わりました。今回の授業はどうだったのか振り返り、もっと授業の腕を上げたいとします。授業を振りかけるポイントは4つです。

❶全体の指導案や本時の計画、発問はよかったか
❷指導案に沿った授業のしかたは、どうだったかな
❸子どもや生徒の反応は予想通りだったか
❹自分としては、どこがよくて、どこが課題と感じたか。

　計画が良くてもその通りにできたとは限りません。その通りに実行したとしても、相手である子どもや生徒と合わないとうまくいきません。まず、大まかに4つの視点でふりかえりましょう。

授業を振り返る

　たとえ授業を振り返ろうとしても、どう振り返ればいいのでしょう。振り返り方というものがあります。それは次の4点です。

1 あなたのめざす授業

　だれにでも、こんな授業がしたい、という理想があると思います。その理想と比べて、今は道半ばだなあとか、だいぶ近づいたぞとか、振り返ってみましょう。ただ急いではいけません。

2 人と比べて

　最も多いのが人と比べること。同じ年頃の人と比べて、自分のほうがいいかなとか、安心していませんか。いいところは真似ましょう。まず、最低限の力をつけることが必要です。

3 前の自分と比較して

　必要なのはこれです。前回の授業と比較して授業の腕が上がったとか、子どもや生徒の意欲が高まり成長している、と言われると最大のほめ言葉です。いつも自分の今を知るということが大事です。

4 目的から考えて

　今回の授業の目的は、生徒たちの底上げなのか、意欲づけか、多様な考えの出る授業なのかで、発問や展開が変わります。ただ上手くなるのではなく、目的がどこにあるのか、明確にしましょう。

　人の意見を聞くことが大切です。でも同じくらい、自分で振り返ることも重要です。あなたが冷静に自分を見つめることができれば、授業づくりがもっと上達しますよ。学校で働くということは、授業の連続です。記録をとり、自分を見つめると、子どもや生徒がほめに来てくれる日は、近いですよ。

もっと授業がうまくなるために

　では、授業がもっとうまくなるためには、どんなことが大切でしょうか。わたしは2つのことを考えています。

■**発問を出したら、3つは考えが出る**

　問いを出すと子どもや生徒の考えが3種類は出てきて、意見が分かれる。そんな授業を理想にしています。こうすると、子どもや生徒が自分から質問し意見を言いたくなるからです。討論が生まれる授業とまではいかなくても、多様な考えが出る授業にはしたいです。なので、いくつかの考えに分かれる問いを前もって考えること。これが重要なことです。

■**そこで考えを予想する**

　意見が分かれる問いは考えました。では、どんな考えに分かれるのか、予想します。子どもや生徒からどんな考えが出るのか予想して、そうならなかったらなぜか。問いが良くないのか。これまでの自分の指導と合っていなかったのか、振り返り見直しましょう。授業がうまくなるということは、予想できるようになるということです。

　授業に向けて、指導案をつくります。その際に予想をします。こうなれば理想的という予想です。予想を繰り返していると、なぜそうならなかったのか。自分のこれまでの指導に原因があるとか、こういう指導やアドバイスが弱かったのではないか、と見えてきます。自分で授業分析ができるようになります。

　そういう意味で、授業がうまくなるには、発問を考え予想することです。そこから、自分と子どもや生徒が見えてきて、あなたはいつか名人に。そんな日は近い。えっ、いつって？　10年後かな。　　　　　　（丹野）

理想の授業を求めて

　子どもたちが真剣に話し合う授業が好きで、ずっと追い求めてきました。子どもたちが我を忘れて話し合いに没頭するそんな話し合いの授業です。それを追い求めていろいろなことをしてきましたが、大きく分けると3つのことです。
　①　子ども、保護者、同僚の姿から学ぶ。
　②　教育や教育内容に関連する本を読む。
　③　自主的な学習会や全国的な研究会などに自費で出かける。
　①～③は別個のことではなく、「真剣な話し合いの授業がしたい」という私の教師としての願いから出てきな必然的な学びの行動でした。
　各教科等の理論書や実践記録、教育内容に関連する本、若い頃から先行実践を読み、授業記録から「なぜこうした発言が子どもから出るのか？」、「どうしたら授業記録で発言しているような子どもが育つのか？」、そんなことを考えてきました。答えはいくつもあって、「教材研究だ！」「発問だ！」「指示だ！」「めあてだ！」「教師の手立てだ！」「学級づくりだ！」、果ては「教師の人柄だ！」……とこんな感じです。
　どれも正しいのですが、十分ではないことも分かるし、そもそも一度にはできないので、ひとつずつ成功したり、失敗したりしながら経験と学習を積み上げるしかないと考えました。大事なことは「理想の授業を追い求める」意思を持ち続けることです。
　そうして小学校の教師を30年近くやってきましたが、ついに新採3年目に行なった20代半ばの私自身の社会科の授業に勝る授業ができなかったというのが本当のところです。50代を迎えた私は、20代の私よりはるかに技術も経験も教育に対する考えも深く高いはずなのに、年齢を重ねて行った実践のどれも20代半ばの社会科の授業に勝てなかった。
　こんな授業です。5年生の社会科「自動車工業」の単元。私は子どもたちと、自動車の生産量から割り出した「30秒に1台の生産」という試算が本当にできることな

のかを子どもたちと考えた授業を続けていました。

単元も終盤を迎えた時に「30秒に1台の生産はできるか?」について話し合いました。子どもたちはそれまでに、自動車組立工場と関連工場の関係や分業体制、部品の組立体験、自動車整備工場での見学、自動車工場での働き方について学習を重ね、そこでの知識や理解、経験を基にこの話し合いの授業に臨みました。

授業は自動車組立生産ラインの「ラインストップボタン」について考えることから入りました。「ラインストップボタン」は一定の時間で一定の仕事をすること前提に、それがうまくいかなかった時に労働者が押すもので、生産の途中で悪いものを次の段階に回さない働きがあります。早く大量に計画通りに生産するには、これを押さない方が良いわけです。

子どもたちもそれは分かった上で「30秒に1台の生産はできるか?」について話し合いました。働く人が大変でできないという意見やできるための分業だという意見が出て、議論は工場を機械化する意見へ傾きました。機械化が進むと人間の役割がなくなることや機械だけに頼ることへの慎重な警戒からの意見が、白熱して重なっていった中で、ある女の子が「人間には限界っつうものがある!」と言いだし、機械化の推進の意見を出しました。自動車工場の生産ラインの仕事での人間の働き方に目を向けた意見で、これには人間の働き場所を守ろうとする子どもたちからも反論が出ました。結局、別な子の「すごく細かいのや、すごく大きいのなんかはロボットがして、おおらかなのは人間がしたらどう?」というところで収まりました。

30年以上経った今も、その女の子が「人間には限界っつうものがある!」と発言した場面を覚えています。身振り手振りを加えながら話していました。私が「そうしなさい」と指示したわけではなく、問いに従って教材に真剣に向き合い、友達と考え合う中で、これから求められる「主体的、対話的で深い学び」の世界を子ども自らつくり出している場面であったと思います。子どもたちが真剣に教材に向かい、考え話し合う授業です。「優れた授業は志と努力があれば若くてもできる」ということです。若い先生方にそのチャンスを追い求めてほしいです。

（白尾 裕志）

おわりに

　わたしたちが、この本に込めた思いは、もっと自分の指導方法を見つめ、教師としての力を高めようとしてほしい、ということです。
　ですが、そんなことはわかっている、と聞こえてきそうです。
　私は新採用の4月の給料日に熱を出して休みました。気を張り詰め、気負いすぎ熱を出したのだと思います。あの頃の私は、良い授業をしなければ、と思い込んでいました。授業は、何よりも大切です。けれど、1時間の授業がすべてではありません。1年を通して自分の力を高めようと見通しを持ち、工夫してほしいと思います。
　教師は学校の内外で研修をします。何より毎日の学校生活で教師としての仕事を学んでいきます。教師になって2、3年もすると学習指導、生徒指導、事務処理を含めてたいていのことは、ある程度できるようになります。
　しかし、ここが大事なポイントで大きな問題もなく、そこそこ教師の仕事ができるようになった時から自己流の世界に留まるのか、そうでない別な世界を知ろうとするのかに分かれます。
　自己流の世界に留まることは、二つの方向に分かれていきます。
　ひとつは、教師としての成長を積極的に求めなくなることです。自己流は自己満足につながりそうですが、最終的にそうなるにしても、初めからそうなるのではなく、今の自分に決して満足した訳でないけど、それ以上の教師としての自分の成長を積極的には求めなくなり、
「これでいい」
「このままでいい」
と考え、習慣化することです。
　もうひとつは、教師としての仕事の責任を他人のせいにすることです。様々な課題に直面した時に、
「こんなに努力しているのになぜ？」

と考え出した瞬間から、学級での問題の根本的な責任を子どもを含めた他者に求めだします。

そこで陥りやすいのは、自分自身に対する冷静で客観的な見方です。冷静な見方を失っている状態では、起こった問題に対して適切な対応がとれません。

そこで大事なのが仲間です。

教育を語り合える人なら、すべてが仲間です。その仲間の中に最初はぐちでいいから、自分をさらけ出してみる。そうすることで、気づかなかった自分の姿やものの見方に気づかされる、そうした経験は、様々な仲間と過ごす日常生活の中で、感じたことがあるのではないでしょうか。

実はこの「地味にすごい授業のチカラ」に書かれていることは、著者の三人が、それぞれの経験の中で失敗や成功を繰り返しながら、悩み、考え、仲間に助けられ、そこに先行実践や理論の研究、学校内外の研修といった自らの研鑽の積み重ねを加えた結果を紐解いたものです。

この本を手に取った方が、内容を読み、自分で考え、実践し、振り返り……その積み重ねを、教育を語り合える仲間と共有してもらえることを望んでします。そのために自分の指導法を見つめることからはじめてください。

最後にこの本を出版するにあたり、趣旨を理解し快く引き受けてくださった沖縄タイムス社の友利仁さん、本当にありがとうございました。

この本が仲間とともに、教師としての新しい自分を見つけることに役立てば幸いです。

2017年　春

白尾裕志

【著者】

丹野 清彦

　大分県の小学校で働き、その後、北海道に移住。しかし、人恋しくなり沖縄へ。現在は琉球大学教授。学級づくりや生活指導、班を使った授業に興味がある。いつも夢を見て人と語り合うのが好き。

白尾 裕志

　鹿児島県で小学校教諭を29年間務めてきた。学生の頃から学力問題や社会科を中心に授業づくりに関心を持ち追究してきた。現在は琉球大学准教授。趣味は木工作品づくり。

多和田 実

　沖縄県の公立高校で働き数学教育の事務局を長く担当する。現在は琉球大学准教授で模擬授業を中心に担当し、趣味は幅広くギターや音楽、映画などで部屋はそれらに囲まれている。

地味にすごい **授業のチカラ**

2017年3月31日　初版第1刷発行

- ●著者Ⓒ　　丹野清彦・白尾裕志・多和田実
- ●発行人　　武富和彦
- ●発行所　　沖縄タイムス社
　　　　　　〒900-8678　沖縄県那覇市久茂地2-2-2
　　　　　　電話098(860)3591　FAX098(860)3830
- ●印刷所　　株式会社 東洋企画印刷

ISBN978-4-87127-241-7　C0037
本書の無断複写は著作権法上の例外を除き禁じられています。